Khalil Gibran
Dem Lied des Lebens gelauscht

Die große Liebe
verwandelt Trauer in Freude,
Verzweiflung in Glück
und macht aus der Einsamkeit
ein Paradies.

Khalil Gibran

Ohne Worte werden in der
Freundschaft alle Gedanken,
alle Wünsche, alle Erwartun-
gen geboren und geteilt,
mit einer Freude, die keiner
Bestätigung bedarf.

Khalil Gibran

Aber das Herz

Der Mensch mit all seiner Klugheit kann nicht
verstehen, was die Vögel sagen oder was der
Bach vor sich hinmurmelt oder was die Wellen
flüstern, wenn sie langsam und sanft den Stand
berühren. Der Mensch mit all seiner Klugheit
kann nicht verstehen, was der Regen spricht,
wenn er auf die Blätter in den Bäumen fällt oder
wenn er aufs Fensterbrett tropft. Er weiß nicht,
was der flüchtige Wind den Blüten zu erzählen
hat. Aber das Herz des Menschen ist imstande,
die Bedeutung dieser Stimme zu fühlen und zu
begreifen.

Khalil Gibran

Der Mensch
kann und wird niemals
etwas erfinden,
er entdeckt es lediglich.

Khalil Gibran

Um das Herz
und den Verstand
eines anderen Menschen
zu verstehen,
schaue nicht darauf,
was er erreicht hat,
sondern wonach er sich sehnt.

Khalil Gibran

Du siehst nur
deinen Schatten,
wenn du deinen Rücken
zur Sonne drehst.

Khalil Gibran

Mein Herz ist ein Baum,
beladen mit Früchten,
die ich pflücke,
um sie zu verschenken.

Khalil Gibran

Es ist gut, zu geben –
auf eine Bitte hin;
doch besser ist es,
ungebeten zu geben –
aus Verständnis
für des anderen Not.

Khalil Gibran

Khalil Gibran

Dem Lied des Lebens gelauscht

Eine Anthologie
herausgegeben von Volker Fabricius

mit Bildern von
Françoise Girardot Hiestand

**Eure Kinder sind
nicht eure Kinder.
Und sind sie auch
bei euch, so gehören
sie euch doch nicht.**

Khalil Gibran

Walter Verlag

Schönheit ist das,
was deine Seele anzieht.
Khalil Gibran

Betrachtet das Erwachen
des Frühlings und das
Erscheinen der Morgenröte!
Die Schönheit offenbart sich
denjenigen, die betrachten.

Khalil Gibran

Die Kraft zu lieben
ist Gottes größtes Geschenk
an den Menschen,
denn niemals wird es
dem Gesegneten, der liebt,
genommen werden.

Khalil Gibran

Die Deutsche Bibliothek – CIP-Einheitsaufnahme

Ğibrān, Ğibrān: Halil:
Dem Lied des Lebens gelauscht: eine Anthologie / Khalil Gibran.
Hrsg. von Volker Fabricius. –
Düsseldorf; Zürich: Walter 2001
ISBN 3-530-10023-4

© 2001 Patmos Verlag GmbH & Co. KG
Walter Verlag, Düsseldorf und Zürich
Alle Rechte, einschließlich derjenigen des auszugsweisen
Abdrucks sowie der fotomechanischen und elektronischen
Wiedergabe, vorbehalten.
Satz: Fotosatz Moers, Mönchengladbach
Druck und Einband: Clausen & Bosse, Leck
ISBN 3-530-10023-4
www.patmos.de

Inhalt

Er hat viele Türen gemacht

Der Teufel und der Priester

Der Priester Semaan galt als sachkundiger Kenner auf
dem Gebiet theologischer Fragen und spiritueller Ange-
legenheiten; er war vertraut mit den Geheimnissen läß-
licher und tödlicher Sünden und kannte sich aus in den
Mysterien von Himmel, Hölle und Fegefeuer.
Unermüdlich wanderte er durch die Dörfer des Nord-
libanon, um den Menschen zu predigen, ihre Seelen vor
den Listen des Teufels zu schützen und sie vom Übel der
Sünde zu befreien. Der Teufel war der erklärte Feind des
Priesters Semaan, gegen den er unablässig zu Felde zog.
Die Dorfbewohner schätzten sich glücklich, einen so eif-
rigen Priester zu haben, und sie belohnten ihn für seine
Ermahnungen und Gebete mit Silber und Gold. Alle
wetteiferten darin, ihm die köstlichsten Früchte ihrer
Bäume und die besten Ernten ihrer Felder anzubieten.
An einem Herbstabend, als der Priester Semaan durch
eine menschenleere Gegend zu einem entfernten Dorf
unterwegs war, das einsam zwischen Bergen und Tälern
lag, hörte er ein Stöhnen und Wehklagen, das von einer
Seite des Weges kam. Er ging dem Geräusch nach und
entdeckte einen nackten Mann, der auf der Erde lag. Er
blutete aus tiefen Wunden in seinem Kopf und seiner
Brust, und er rief verzweifelt um Hilfe: «Hab Mitleid mit
mir, sonst sterbe ich! Rette mich! Hilf mir!»
Verwirrt hielt der Priester Semaan an, und während er
den Verletzten betrachtete, sagte er sich: «Das ist sicher

ein Räuber, der versucht hat, einen Vorübergehenden zu überfallen, und er ist von ihm überwältigt worden. Wenn er stirbt, während ich bei ihm bin, wird man mich möglicherweise noch einer Tat beschuldigen, die ich nicht begangen habe.»

Nach dieser Erwägung wollte er seinen Weg fortsetzen, doch der Verletzte rief: «Laß mich nicht im Stich, sonst werde ich sterben. Du kennst mich, und ich kenne dich! Du mußt mir helfen!»

Der Priester erblaßte und sagte sich: «Er muß ein Verrückter sein, der durch diese Wildnis irrt! Der Anblick seiner Wunden jagt mir Angst ein! Was kann ich für ihn tun? Ein Seelenarzt kann nicht den Körper heilen!»

Der Priester Semaan zögerte, aber der Verwundete schrie mit einer Stimme, die einen harten Felsen hätte erweichen müssen: «Komm näher! Komm näher! Wir sind alte Freunde! Du bist der Priester Semaan, der gute Hirte, und ich bin weder ein Räuber noch ein Verrückter! Komm näher und laß mich nicht alleine sterben in dieser Wüste! Komm näher, und ich werde dir sagen, wer ich bin.»

Der Priester Semaan näherte sich dem Sterbenden widerstrebend und starrte ihn an. Er erblickte ein Gesicht mit merkwürdigen Zügen, in dem sich Intelligenz und List, Häßlichkeit und Schönheit, Verstellung und Sanftmut vereinten. Er trat zurück und rief: «Wer bist du?»

Der Sterbende sagte mit leiser Stimme: «Hab keine Angst, Vater! Hilf mir lieber aufzustehen und zum nahen Fluß zu gehen, damit ich mir mit deinem Taschentuch meine Wunden auswaschen kann! Wir sind nämlich alte Freunde!»

«Sag mir erst, wer du bist», entgegnete der Priester, «denn

ich kenne dich nicht, und ich erinnere mich nicht, dich in meinem Leben schon einmal gesehen zu haben.»

Der Verletzte antwortete mit einer Stimme, in die sich das Röcheln des Todes mischte: «Du weißt, wer ich bin, denn du bist mir Tausende Male begegnet, und überall hast du mein Gesicht gesehen. Ich bin die Kreatur, die dir am nächsten steht, und ich bin wichtiger für dich als dein Leben.»

«Du bist ein Lügner und Betrüger!» rief der Priester. «Ein Sterbender sollte die Wahrheit sagen! Nie in meinem Leben sah ich dein Gesicht. Sag mir, wer du bist, sonst lasse ich dich hier verbluten!»

Der Verwundete bewegte sich ein wenig und musterte mit seinen Augen den Priester, während sich auf seinen Lippen ein bedeutungsvolles Lächeln abzeichnete. Dann sagte er mit gedämpfter Stimme: «Ich bin Satan!»

Der Priester schrie auf, und sein Schrei hallte tief ins Tal hinein. Dann sah er sich sein Gegenüber genau an und stellte fest, daß der Verwundete in allen Einzelheiten und in seinen Gesichtszügen den Dämonen glich, die darge- stellt sind auf dem Bild des Jüngsten Gerichts, das in der Dorfkirche hängt. Und er rief: «Gott ließ mich deine höl- lische Erscheinung sehen, damit ich dich um so mehr verachte. Sei verflucht bis in die Ewigkeit!»

«Sei nicht voreilig, mein Vater», mahnte der Teufel, «und verlier keine Zeit mit unnützen Reden! Komm und ver- binde meine Wunden, damit ich nicht verblute!»

Der Priester antwortete: «Meine Hände werden niemals deinen Körper anfassen, der aus dem Höllenpfuhl kommt! Stirb, denn dich verfluchen die Zungen aller Jahrhunderte und die Lippen der ganzen Menschheit, deren Feind und Zerstörer du bist!»

Der Teufel wurde unruhig und sprach: «Du weißt nicht, was du sagst! Hör zu, ich will dir meine Geschichte erzählen: Heute streifte ich alleine durch dieses menschenleere Tal. Als ich an diesem Ort ankam, traf ich eine Gruppe von Engeln, die sich auf mich stürzten und mich zusammenschlugen. Wenn nicht einer von ihnen ein Schwert mit doppelter Schneide gehabt hätte, wäre der Kampf vielleicht anders verlaufen. Aber was kann ein Unbewaffneter gegen eine Gruppe Bewaffneter ausrichten?»

Der Teufel unterbrach seine Rede für einen Augenblick und legte seine Hand auf eine tiefe Wunde an seiner Seite. Dann fuhr er fort: «Ich glaube, es war Michael, der das Schwert mit der doppelten Schneide trug. Er ist ein Meister mit der Waffe. Wenn ich mich nicht auf die Erde geworfen und den Sterbenden gespielt hätte, so hätte er mir nicht ein Glied neben dem anderen gelassen.»

«Gepriesen sei der Name Michaels», sagte der Priester, «denn er hat die Menschheit von einem bösartigen Feind befreit!»

«Meine Feindschaft der Menschheit gegenüber ist nicht schlimmer als deine Feindseligkeit gegenüber dir selber!» entgegnete der Teufel. «Du preist Michael, der dir nicht von Nutzen ist, und du verfluchst meinen Namen in der Stunde meiner Niederlage, obgleich ich der Grund für deine Wohlhabenheit war und immer noch bin. Leugnest du etwa meine Wohltaten? Weißt du nicht, daß du meiner Existenz dein Leben verdankst, da ich die Quelle deines Einkommens bin? Setzt deine ganze Wirksamkeit nicht meinen Namen und meine Existenz voraus? Oder genügt dir meine Vergangenheit, um meine Gegenwart und Zukunft zu ersetzen? Ist dein Vermögen schon so groß, daß es keiner weiteren Zunahme mehr bedarf? Weißt du nicht, daß deine Frau und deine Kinder, die ja zahlreich sind, ihren Lebensunterhalt verlieren, wenn ich sterbe? Nach meinem Tod würden sie verhungern; oder was wirst du machen, wenn das Schicksal meinen Tod beschließt? Welchen Beruf wirst du ausüben, wenn die Winde meinen Namen von der Erde verbannen? Seit 25 Jahren ziehst du durch die Dörfer dieses Gebirges, um den Menschen zu verkünden, daß sie sich vor meinen Listen in acht nehmen sollen. Sie kaufen deine Predigten mit ihrem Geld und mit den Erträgen ihrer Ernten. Was werden sie dir morgen abkaufen, wenn sie erfahren, daß ihr Feind, der Teufel, tot ist, und daß sie nun vor seinen Listen und Irreführungen sicher sind? Welches Amt wird dir das Volk anvertrauen, wenn die Aufgabe, gegen den Teufel anzukämpfen, durch den Tod des Teufels hinfällig wird? Weißt du nicht – als ausgezeichneter Theologe –, daß erst die Existenz des Teufels das Priesteramt notwendig machte? Diese alte Feindschaft ist die geheime Hand, die Geld und Gott aus den Taschen der Gläubigen in die Taschen der Prediger und Priester befördert. Weißt du nicht – als der kluge Gelehrte, der du bist –, daß der Verlust der Ursache den Verlust der Wirkung nach sich zieht? Wie kannst du meinen Tod gutheißen, da du mit meinem Tod auch deinen Beruf und deinen Lebensunterhalt verlierst und schließlich deine Frau und deine Kinder nicht mehr ernähren kannst?» Der Teufel schwieg eine Weile, während der Ausdruck des Leidens in seinem Gesicht mehr und mehr einem Ausdruck der Entschlossenheit wich, dann fuhr er fort: «Hör zu, du unwissender, stolzer Narr, damit ich dir die Wahrheit aufzeige, die meine Existenz an die deine bindet und mein Sein an dein Gewissen: In der ersten Stunde der Zeit stellte sich der Mensch vor die Sonne, breitete seine Arme aus und sprach zum ersten Mal: ‹Hinter diesem Gestirn ist ein großer Gott, der die Menschen liebt.› Dann drehte er dem Licht den Rücken zu und er erblickte seinen Schatten auf der Erde. Er sagte: ‹Und in den Tiefen der Erde wohnt ein verfluchter Teufel, der das Böse liebt.› Dann ging er in seine Höhle zurück und sagte sich: ‹Ich befinde mich zwischen zwei gewaltigen Göttern, einem Gott, von dem ich abstamme, und einem Gott, den ich bekämpfe. Jahrhunderte vergingen, in denen sich der Mensch zwischen zwei absoluten Mächten sah, einer Macht, die seine Seele aufrichtete und die er anbetete, und einer anderen Macht, die ihn in die Finsternis hinabzog und die er verfluchte. Würde er weder Anbetung noch Verfluchung kennen, so wäre er wie ein Baum zwischen einem Sommer, der ihn mit Grün und Früchten bedeckt, und einem Winter, der ihn entlaubt.› Als der Mensch die Morgenröte der Zivilisation erreichte, welche Menschenfreundlichkeit bedeutet, entstanden die Organisationsformen der Familie und des Stammes. Die Arbeiten wurden – entsprechend den Neigungen und Fähigkeiten – aufgeteilt: so befaßte sich ein Teil eines Stammes mit der Landwirtschaft, während ein anderer Wohnungen baute; andere stellten Kleidung her, während wieder andere Metalle schmolzen. In dieser Zeit, die lange zurückliegt, bildete sich auch der Priesterstand heraus, und dies war der erste Beruf, der nicht aufgrund vitaler Bedürfnisse oder materieller Notwendigkeiten entstand.»

Der Teufel hielt in seiner Rede inne, dann brach er in ein Gelächter aus, das die Täler erzittern ließ. Sein Lachen mußte seine Wunden aufgerissen haben, denn der Schmerz verzerrte sein Gesicht, und er stützte seine Hüfte mit der Hand ab. Dann sah er den Priester Semaan an und fuhr fort: «Hör zu, wie es dazu kam, daß das Priestertum entstand. Im ersten Stamm gab es einen Mann, den man Lewis nannte. Dieser Lewis war ein intelligenter Mann, aber er war träge und arbeitsscheu. Er verachtete die Landarbeit ebenso wie die Arbeit am Bau, kurz, er haßte jede Arbeit, bei der man sich körperlich anstrengen oder auch nur bewegen mußte. Und da zu jener Zeit der Lebensunterhalt nur durch körperliche Arbeit erworben werden konnte, verbrachte Lewis die meisten Nächte mit leerem Magen. In einer der Sommernächte, in der die Mitglieder seines Stammes um die Hütte ihres Chefs vereint waren, um sich über die Ereignisse der vergangenen Tage zu unterhalten, während sie auf den Schlaf warteten, erhob sich plötzlich einer von ihnen, zeigte auf den Mond und rief erschrocken: ‹Seht den Gott der Nacht, sein Gesicht ist blaß, seine Schönheit verschwunden, und er hängt wie ein schwarzer Stein am Himmelsgewölbe!› Die Stammesmitglieder blickten erschrocken zum Mond, und Angst erfüllte ihre Herzen, als sie sahen, wie sich der Gott der Nacht allmählich in eine schwarze Kugel verwandelte und auch das Gesicht der Erde in einen schwarzen Schleier hüllte.

Da trat Lewis vor, der das Phänomen der Mondfinsternis schon mehrfach erlebt hatte. Er stellte sich in die Mitte der Versammelten, hob seine Hände zum Himmel empor und rief scheinheilig:

‹Kniet euch nieder, kniet euch nieder und betet! Bedeckt eure Häupter mit Staub, denn in diesem Moment kämpft der Gott der Finsternis mit dem Gott des Lichtes der

Nacht. Wenn er ihn besiegt, werden wir sterben. Wird er aber besiegt, bleiben wir leben. Kniet euch nieder, bedeckt eure Häupter mit Staub und betet! Schließt eure Augen und schaut nicht zum Himmel empor, denn wer den Kampf zwischen dem Gott der Finsternis und dem Gott des Lichtes sieht, wird sein Augenlicht und seinen Verstand verlieren und bis zum Ende seines Lebens blind und geisteskrank sein. Kniet euch nieder, und helft dem Gott des Lichtes durch euer Gebet, den Sieg davonzutragen!›

Lewis hörte nicht auf, in dieser Weise auf die Menschen einzureden, und in seiner Fantasie erfand er neue Worte und prägte Ausdrücke, die er nie zuvor gehört hatte. Nach einer halben Stunde hatte der Mond seine frühere Lichtfülle und Schönheit wieder erreicht. Lewis rief lauter als zuvor mit freudiger Stimme: ‹Erhebt euch nun und schaut zum Himmel empor, denn der Gott der Nacht hat seinen Feind besiegt, er führt wieder den Reigen der Gestirne an. Ihr habt ihm durch eure Gebete und Ehrerbietung zum Sieg verholfen. Darum seht ihr ihn nun lichtvoll und strahlend!›

Die Menschen richteten sich auf und schauten zum Mond auf, der strahlend am Himmel stand. Ihre Angst verwandelte sich in Vertrauen, ihre Sorge in Freude, und sie begannen zu tanzen, zu singen; sie stießen mit ihren Lanzen gegen Eisen- und Kupferscheiben und erfüllten das Tal mit fröhlichem Lärm.

In dieser Nacht noch ließ der Stammeschef Lewis zu sich rufen, und er sagte zu ihm: ‹Du hast in dieser Nacht getan, was kein Mensch vor dir vollbracht hat! Du kennst die Geheimnisse des Lebens wie keiner von uns. Darum sollst du ab heute nach mir den ersten Platz in diesem

Stamm einnehmen, denn ich bin der Stärkste im Stamm, und du bist der Klügste und Weiseste. Ab heute bist du der Vermittler zwischen mir und den Gottheiten. Du erklärst mir ihren Willen und weihst mich in ihre Mysterien ein. Du sagst mir immer, was ich zu tun habe, damit ich des Wohlgefallens und der Liebe der Götter sicher bin.›

Lewis erwiderte: ‹Alles, was mir die Götter im Traum offenbaren, werde ich dir mitteilen, ebenso alles, was ich über sie in Erfahrung bringen werde, denn ich bin der Mittler zwischen ihnen und dir!›

Der Stammesfürst freute sich und schenkte Lewis zwei Pferde, sieben Kälber, siebzig Widder und siebzig Schafe. Dann sagte er: ‹Die Bauleute des Stammes werden dir ein Haus bauen, das meinem gleicht; am Ende jeder Saison werden sie dir einen Teil der Ernten der Erde und der Früchte der Bäume bringen, und du wirst als ein Herr leben, dem man gehorcht und den man ehrt.›

Lewis stand auf, um zu gehen. Der Stammeschef hielt ihn zurück und fragte: ‹Aber sag mir, wer ist doch dieser Gott, den du den Gott der Finsternis nennst, und der es wagt, den strahlenden Gott des Lichtes zu bekämpfen? Wir haben nie von ihm gehört und nichts von seiner Existenz gewußt!›

Lewis rieb sich die Stirn und antwortete: ‹Mein Herr, vor langer, langer Zeit, noch vor dem Erscheinen des Menschen auf dieser Erde, lebten alle Götter in gegenseitiger Zuneigung und ungestörtem Frieden an einem Ort, der weit hinter der Milchstraße liegt. Der Gott der Götter, der ihr Vater ist, wußte mehr als alle anderen. Er tat, was keiner von ihnen zu tun vermochte, und hielt einige der göttlichen Geheimnisse, die die Welt regieren, für sich zurück. In der siebten Periode des zwölften Zeitalters rebellierte der Geist Batars gegen den Vatergott, den er haßte. Er stellte sich vor seinen Vater hin und sagte: ‹Warum behältst du die absolute Macht über alle Kreaturen für dich und enthältst uns Geheimnisse des Universums vor? Sind wir nicht deine Söhne und Töchter, deine Teilhaber in der Macht und in der Unsterblichkeit?›

Gott Vater erzürnte und sagte: ‹Ich werde in Ewigkeit die absolute Macht und wesentliche Mysterien für mich behalten, denn ich bin der Anfang und das Ende.›

Batar entgegnete: ‹Wenn du nicht bereit bist, deine Macht mit mir zu teilen, werde ich mich mit meinen Kindern und Kindeskindern gegen dich auflehnen.›

Da richtete sich der Gott der Götter von seinem Thron auf; er nahm die Milchstraße als Schwert und die Sonne als Schild, und mit einer Stimme, welche die Erde erzittern ließ, rief er: ‹Steig hinab in die Unterwelt, wo Finsternis und Elend herrschen, du bösartiger Rebell, und bleib verbannt, bis die Sonne zu Asche wird und die Planeten zu Staubkörnern.› In dieser Stunde verließ Batar die Wohnungen der Götter und stieg hinab in die Unterwelt, wo die bösen Geister leben. Und er schwor sich bei seiner Unsterblichkeit, von nun an die Jahrhunderte damit zu verbringen, gegen seinen Vater und seine Brüder einen unerbittlichen Kampf zu liefern und allen denen Fallen zu stellen, die seinen Vater und seine Brüder lieben und verehren.›

‹Der Name des Gottes des Unheils ist also Batar›, sagte der Stammesfürst mit blassem Gesicht.

‹Er nannte sich Batar, als er noch bei den Göttern wohnte›, berichtigte Lewis. ‹Nach seinem Abstieg in die Unterwelt nahm er andere Namen an, wie Belzebub, Iblis,

Satanael, Belial, Semial, Ahriman, Mara und Abdun; der bekannteste Name aber ist Satan.›

Der Stammesfürst wiederholte das Wort Satan mehrere Male mit zitternder Stimme, die dem Rauschen trockener Blätter im Winde glich. Dann fragte er: ‹Und warum haßt Satan auch die Menschen, wenn er Gott haßt?›

Lewis antwortete: ‹Satan haßt die Menschen und sucht sie zu zerstören, weil sie Nachkommen seiner Brüder und Schwestern sind.›

‹Also ist Satan sozusagen der Onkel der Menschen!› sagte der Stammesfürst verwirrt.

‹Ja, das stimmt›, entgegnete Lewis, ‹und dennoch ist er ihr größter Feind und haßerfüllter Konkurrent. Er füllt ihre Tage mit Elend und ihre Nächte mit Alpträumen. Er ist die Kraft, die das Unwetter auf ihre Hütten lenkt, ihre Bauernhäuser dem Feuer preisgibt und ihr Vieh durch Krankheiten ausrottet. Er ist ein übelwollender falscher Gott, der über unser Elend lacht und uns unsere Freuden mißgönnt. Wir müssen uns von ihm fernhalten und vor seinen Listen in acht nehmen!›

Der Stammesfürst stützte sein Kinn auf seinen Stock und flüsterte: ‹Nun weiß ich, was mir verborgen war über diese fremde Macht, die das Unwetter auf unsere Häuser lenkt und unsere Tiere vernichtet. Alle Menschen sollen erfahren, was ich jetzt weiß, und sie werden dich preisen, Lewis, weil du ihnen die verborgenen Geheimnisse ihres starken Feindes aufdeckst und sie lehrst, wie sie sich gegen seine Schlingen und Fallen wappnen können.›

Als Lewis sich vom Stammeschef entfernt und zu seiner Wohnung ging, war er mit sich zufrieden, stolz auf seine kluge Idee und trunken von einem imaginären Wein. Der Chef und die Menschen seines Stammes aber drehten sich schlaflos auf ihren Lagern, bedrängt von Phantomen, die sie ängstigten, und von furchtbaren Träumen.» Der verwundete Satan hielt eine Weile inne, während der Priester Semaan ihn verblüfft anstarrte.

«Auf diese Weise erschien das Priesteramt auf Erden», fuhr Satan fort, «und meine Existenz war der Grund für sein Erscheinen. Lewis war der erste, der aus meiner Feindschaft einen Beruf machte; und diesen Beruf vererbte er seinen Kindern und Kindeskindern. Nach und nach entwickelte sich dieser Beruf zu einer subtilen, heiligen Kunst, die nur von Menschen mit klugem Geist, reinem Herzen und großem Vorstellungsvermögen ausgeübt werden kann. In Babylon verbeugten sich die Menschen siebenmal vor dem Priester, der mich durch Beschwörung vertrieb. In Ninive achtete man den Mann, der vorgab, meine Geheininisse zu kennen, wie einen goldenen Ring zwischen den Göttern und den Menschen. In Theben nannte man denjenigen, der mir den Kampf ansagte, den Sohn der Sonne und des Mondes. Und in Byblos, Ephesus und Antiochien opferte man Söhne und Töchter, um meinen Gegner zufriedenzustellen. In Jerusalem und Rom vertrauten die Menschen ihre Seelen denjenigen an, deren Beruf es war, mich zu bekämpfen. In jeder Stadt, die es unter der Sonne gibt, war und ist mein Name Mittelpunkt religiöser, wissenschaftlicher, künstlerischer und philosophischer Kreise. Die Tempel wurden in meinem Schatten erbaut, und Schulen und Institute wurden als Kampfansage gegen mich errichtet. Ich bin es, der die Entschlußkraft im Menschen erzeugt, und ich bin die Hand, welche die Hände des Menschen bewegt. Ich bin der Teufel ohne Anfang und ohne Ende. Ich bin der Teufel, den die Menschen bekämpfen, und auf diese Weise bleiben sie lebendig, denn wenn sie aufhörten, mich zu bekämpfen, würde die Trägheit ihr Denken zum Stillstand bringen, die Ruhe würde ihre Körper zerstören und das Nichtstun ihre Seelen verderben. Ich bin der Teufel ohne Anfang und ohne Ende! Ich bin ein Sturm, der durch die Gehirne der Männer und die Herzen der Frauen fegt. Ich lenke ihre Neigungen zu den Klöstern und Einsiedeleien, wo sie mich ehren durch ihre Furcht vor mir, oder zu den Lusthäusern, wo sie sich erfreuen, während sie sich meinem Willen unterwerfen. Denn der Mönch, der im Schweigen der Nacht darum betet, daß ich mich von seinem Bett entferne, ist nicht besser als die Prostituierte, die mich ruft, damit ich mich ihrem Lager nähere. Ich bin der Satan ohne Anfang und ohne Ende.

Ich bin der Erbauer der Klöster und Einsiedeleien aufgrund der Angst der Menschen, und ich bin der Errichter der Schenken und Freudenhäuser aufgrund ihrer Begierden und Leidenschaften. Mit meinem Ende verschwinden auch die Ängste und Begierden in dieser Welt. Infolgedessen verschwinden auch im Herzen des Menschen alle Neigungen und Wünsche, und das Leben wird öde, leer und kalt wie eine Gitarre mit gesprungenen Saiten. Ich bin der Satan ohne Anfang und ohne Ende! Ich inspiriere die Lüge und Verleumdung, den Verrat und die Intrige, den Betrug und die Ironie. Und wenn diese Elemente aus der Welt beseitigt werden, so wird die menschliche Gesellschaft einem verlassenen Garten gleichen, in dem nichts wächst als die Dornen der Tugend! Ich bin der Satan ohne Anfang und ohne Ende. Ich bin Vater und Mutter der Sünde. Willst du, daß die Sünde mit meinem Tod stirbt? Möchtest du, daß die menschliche Beweglichkeit und Vitalität mit dem Anhalten meiner Herzschläge aufhört? Ich bin die Ursache aller Dynamik. Willst du dich dieser Ursache und ihrer Wirkungen entledigen? Möchtest du, daß ich in dieser Wildnis sterbe? Antworte mir, du Theologe! Möchtest du die einträgliche existentielle Beziehung, die zwischen mir und dir besteht, aufkündigen?»

Der Teufel seufzte tief. In seiner graugrünen Farbe glich er einer der ägyptischen Statuen, die längst vergangene Zeiten an die Ufer des Nils gespült hatten. Er sah den Priester Semaan mit Augen an, die wie Lampen glühten, und sagte: «Ich bin durch das viele Reden erschöpft! Ich hätte das Gespräch mit dir nicht so lange fortsetzen sollen. Ich dachte nicht, daß es mich soviel Zeit kosten würde, dir eine Wahrheit zu demonstrieren, die du besser kennen solltest als ich, und dich auf Dinge hinzuweisen, die mehr in deinem als in meinem Interesse liegen! Jetzt mach, was du willst! Du kannst mich auf deinem Rücken in dein Haus tragen, um meine Wunden zu verbinden, und du kannst mich hier liegen lassen, damit ich an diesem entlegenen Ort sterbe!»

Verlegen rieb sich der Priester Semaan die Hände. Dann antwortete er entschlossen: «Ich weiß nun, was ich vor einer Stunde noch nicht wußte! Entschuldige mein Unwissen! Ich weiß nun, daß du existierst, um die Menschen auf die Probe zu stellen. Diese Versuchung ist das Maß, mit dem Gott die Standhaftigkeit und Tugend der Menschen erproben kann; sie ist die Waage, die der allmächtige Gott benutzt, um der Seelen Gewicht festzustellen. Ich weiß nun, daß mit deinem Tod auch die Versuchung nicht weiter existieren würde, und mit ihr würden all die geistigen Kräfte verschwinden, die den

Menschen wachsam machen. Es würde der Grund beseitigt, der die Menschen zu Gebet und Fasten anhält. Darum ist es wichtig, daß du lebst. Wenn du stirbst und die Menschen von deinem Tod erfahren, wird ihre Angst vor der Hölle hinfällig, und sie werden aufhören, Gott anzubeten. Vielmehr werden sie in Sünde leben. So ist es geradezu notwendig, daß du am Leben bleibst, denn durch dein Leben wird die Menschheit von der Sünde befreit! Ich werde meinen Haß gegen dich auf dem Altar der Menschenliebe opfern.»

Das Lachen des Teufels klang wie ein Vulkan, der ausbricht. Dann sagte er: «Wie intelligent du bist, Hochwürden! Und wie tief dein theologisches Wissen ist! Kraft deiner Klugheit hast du einen Grund für meine Existenz gefunden, der mir nicht einmal bewußt war! Und jetzt, da jeder von uns die praktischen und theologischen Gründe begriffen hat, die meine Existenz rechtfertigen, so laß uns diesen Ort verlassen! Komm näher, Bruder, und trag mich in dein Haus! Die Nacht hat die Täler schon in Finsternis gehüllt, und ich habe die Hälfte meines Blutes auf den Steinen dieses Tales vergossen.»

Der Priester näherte sich dem Teufel, krempelte die Ärmel seiner Soutane auf und befestigte ihren Saum an seinem Gürtel; dann lud er sich den Teufel auf seinen Rücken und ging seines Weges.

Zwischen den Bergabhängen, bedeckt vom Schleier der Nacht, schleppte sich der Priester Semaan zu seinem Dorf, den Rücken gebeugt unter der Last eines nackten Gerippes. Seine schwarze Soutane und sein herabwallender Bart waren befleckt vom Blut, das aus den Wunden des verletzten Teufels tropfte.

Die Stürme

Kinder Gottes, Enkel der Affen

Wie seltsam ist die Zeit, und wie sonderbar sind wir! Die Zeit änderte sich und veränderte uns. Sie schritt fort und setzte uns gleichzeitig in Bewegung. Sie nahm den Schleier von ihrem Gesicht, und wir waren erstaunt und erfreut.

Gestern noch beklagten wir uns über die Zeit und fürchteten sie. Und heute beginnen wir, sie zu lieben und zu begehren; ja, wir beginnen sogar, ihre Natur zu verstehen und ihre Geheimnisse zu begreifen.

Gestern noch tasteten wir uns vorsichtig voran wie Geister, die vor Angst zittern inmitten der Schrecken der Nacht und der Ängste des Tages. Heute erklimmen wir begeistert die Gipfel der Berge, wo uns heftige Stürme sowie grelle Blitze und grollende Donner auflauern.

Gestern noch aßen wir das Brot, das im Schweiße des Angesichts geknetet wurde, und wir tranken mit Tränen versetztes Wasser. Und heute essen wir das Manna aus den Händen der Nymphen des Morgens und trinken einen Wein, vermischt mit duftenden Essenzen des Frühlings.

Gestern noch waren wir ein Spielball in der Hand des Schicksals; mächtig und im Rausch schwankte das Schicksal mit uns nach rechts und nach links. Heute aber ist es aus seinem Rausch erwacht, und wir sind es, die mit ihm spielen und scherzen; wir gehen voran, und das Schicksal folgt uns.

Gestern verbrannten wir Weihrauch vor den Götzen und schlachteten Opfertiere vor den zornigen Göttern. Heute verbrennen wir den Weihrauch vor uns selber und bringen uns Opfer dar, denn der größte und mächtigste aller Götter hat seinen Tempel in unseren Herzen errichtet.

Gestern waren wir den Königen untertan und beugten unsere Häupter vor den Herrschern. Heute neigen wir uns einzig vor der Wahrheit, wir folgen nur der Schönheit und gehorchen allein der Liebe.

Gestern senkten wir unsere Blicke vor den Priestern und brachten den Visionen der Seher Ehrfurcht entgegen. Heute aber, nachdem die Zeit sich änderte und uns veränderte, heute schauen wir der Sonne ins Gesicht, wir lauschen der Melodie des Meeres und zittern nur vor den Stürmen.

Gestern zerstörten wir die Throne unserer Seelen, um daraus Gräber für unsere Väter und Vorväter zu bauen. Heute sind unsere Seelen heilige Altäre, denen sich die Geister vergangener Zeiten nicht zu nähern wagen und die die verwesten Finger der Toten nicht berühren.

Wir waren gestern noch ein stummer Gedanke, verborgen in den Winkeln des Vergessens. Heute aber sind wir eine Stimme, welche die Tiefen des Weltraums erzittern läßt.

Wir waren gestern noch ein schwacher Funke, den die Asche begrub. Heute sind wir ein loderndes Feuer, das auf den Schultern des Tales brennt.

*

Wie viele Nächte wachten wir, auf der Erde gebettet und mit Schnee bedeckt, und wir beweinten einen Freund, den wir verloren hatten, oder einen Besitz, der uns geraubt wurde. Und wie viele Tage verbrachten wir wie Schafe ohne Hirten, Hunger und Durst erleidend. Zwischen einem Tag, der verging, und einer Nacht, die anbrach, beweinten wir unsere welkende Jugend und verzehrten uns in Sehnsucht nach einem unbekannten Retter, während wir ängstlich in den leeren, dunklen Raum blickten und der Klage der Stille und des Nichts lauschten.

Diese Epochen gingen vorüber wie Füchse, die zwischen Gräbern dahinhuschen. Und heute, wo der Weltraum erhellt ist und wir zu vollem Bewußtsein gelangt sind, heute verbringen wir weiße Nächte auf himmlischen Lagern. Wir widmen uns der Fantasie und unseren Neigungen, während die Flammen des Feuers uns umtanzen, und wir ergreifen sie mit Fingern, die nicht zittern. Um uns schweben die Geister der Dschinnen, mit denen wir uns in verständlicher Sprache unterhalten; der Chor der Engel zieht an uns vorüber, und die Engel erfreuen sich an der Sehnsucht unserer Herzen und der Melodie unserer Seele.

*

Wir waren gestern und wir sind heute; und das ist der göttliche Wille für die Kinder Gottes. Und was ist euer Wille, Söhne der Affen?

Habt ihr einen einzigen Schritt nach vorn gemacht, seitdem ihr aus den Spalten der Erde hervorgekrochen seid? Habt ihr je einen Blick zum Himmel erhoben, seitdem die Dämonen euch die Augen öffneten? Habt ihr ein einziges Wort aus dem Buch der Wahrheit gesprochen, seitdem die Schlangen euch geküßt haben?

Habt ihr nur einen Augenblick dem Lied des Lebens gelauscht, seitdem der Tod eure Ohren verschloß?

Seit siebzigtausend Jahren bin ich bei euch und sehe euch wie Insekten in den Winkeln der Höhlen kriechen. Und seit sieben Minuten beobachte ich euch von meinem

Fenster aus und sehe euch durch schmutzige Gassen schleichen, wobei die Dämonen der Trägheit euch führen, die Ketten der Sklaverei an euren Füßen haften und die Schwingen des Todes über euren Köpfen Beifall klatschen, denn ihr seid heute, wie ihr gestern wart, und ihr werdet morgen und übermorgen sein wie zu Beginn.

Wir waren gestern und wir sind heute, und dies ist das göttliche Gesetz für die Kinder der Götter.

Was aber ist euer Gesetz, ihr Enkel der Affen?

Die Stürme

In der Stadt der Toten

Gestern entzog ich mich dem Lärm der Stadt und wanderte hinaus durch die stillen Fluren, bis ich einen Hügel erreichte, den die Natur mit dem schönsten Gewand geschmückt hatte. Dort hielt ich an und blickte auf die Stadt mit ihren prächtigen Palästen unter einer dichten Wolke von Rauch, der aus den Fabriken kam.

Ich setzte mich hin, und aus der Entfernung dachte ich nach über das Tun des Menschen. Ich kam zu dem Ergebnis, daß Mühen und Plagen den größten Teil seines Lebens ausmachten. Dann wandte ich meine Gedanken vom Menschen ab und richtete meinen Blick auf die Felder, dem Throne Gottes. In der Ferne entdeckte ich einen kleinen Friedhof mit Marmorgräbern, der von Zypressen umgeben war.

Da saß ich nun zwischen der Stadt der Lebenden und der Stadt der Toten und machte mir Gedanken über das rastlose Tun und den ständigen Kampf in der einen und über die ungestörte Ruhe in der anderen Stadt. Auf einer Seite Hoffnung und Verzweiflung, Liebe und Haß, Reichtum und Armut, Glaube und Ablehnung, auf der anderen Seite Staub im Staub. Und die Natur macht das Verborgene sichtbar. Im Schweigen der Nacht verwandelt sie es in Pflanzen, dann in Tiere.

Während ich noch darüber nachdachte, erblickte ich eine Menschenmenge, die sich gemessenen Schrittes vorwärtsbewegte. Vor ihnen zog eine Musikkapelle, die die Atmosphäre mit getragener Musik erfüllte. Ihr folgten die Mächtigen und Angesehenen der Stadt. Offenbar die Beerdigung eines Reichen. Dem Sarg des Toten folgten die Lebenden weinend und klagend.

Die Prozession erreichte die Grabstätte. Die Priester traten hervor und beteten, indem sie ihre Weihrauchfässer schwenkten. Die Musiker standen abseits und bliesen in ihre Hörner. Dann traten die Grabredner vor und hielten Trauerreden. Zuletzt huldigten die Dichter dem Verstorbenen mit wohlgesetzten Worten. Alles vollzog sich ruhig und würdevoll. Nach einer Weile entfernte sich die Menge von dem Grab, dem sich die Totengräber näherten. Um die Grabstätte herum lagen prachtvolle Blumenkränze, die geschickte Hände angefertigt hatten.

Die Menschen kehrten zur Stadt zurück, und ich betrachtete sie nachdenklich aus der Ferne. Die Sonne näherte sich dem Untergang, und die Schatten der Felsen und Bäume wurden länger. Die Natur war damit beschäftigt, ihr Kleid aus Licht abzulegen.

In diesem Augenblick sah ich zwei Männer, die einen Holzsarg trugen. Hinter ihnen ging eine Frau in einem abgetragenen Kleid, die einen Säugling auf ihrer Schulter trug. Neben ihnen lief ein Hund her, der mal auf sie, mal auf den Sarg schaute. Das war das Begräbnis eines Armen. Ihm folgten eine Frau, die Tränen der Trauer vergießt, ein Kind, das weint, weil seine Mutter weint, und ein treuer Hund, der verzweifelt neben ihnen läuft.

Sie erreichten die Grabstätte und versenkten den Sarg in eine kleine Grube in einer entlegenen Ecke des Friedhofs – weit entfernt von den prächtigen Marmorgräbern. Dann gingen sie still zurück. Der Hund schaute noch ab und zu zum Platz, wo man seinen Freund zurückgelassen hatte, bis sie hinter Bäumen verschwanden.

Ich betrachtete die Stadt der Lebenden und sagte mir: «Diese ist für die Reichen und Mächtigen!»

Dann schaute ich auf die Stadt der Toten und dachte:
«Auch jene ist für die Reichen und Mächtigen!
Wo ist die Heimat der Armen und Schwachen, o Herr?»
Während ich diese Frage stellte, blickte ich auf die Wol-
ken am Himmel, deren Ränder von den Strahlen der
Sonne golden gefärbt waren, und ich hörte eine Stimme
in meinem Innern antworten:
«Dort!»

Eine Träne und ein Lächeln

Besuch der Weisheit

In der Stille der Nacht kam die Weisheit zu mir und blieb an meinem Bett stehen. Sie schaute mich mit dem Blick einer liebenden Mutter an, und indem sie mir die Tränen von den Wangen wischte, sagte sie:

«Ich hörte den Ruf deiner Seele, und ich bin gekommen, um dich zu trösten. Öffne mir dein Herz, und ich werde es mit Licht füllen. Frage mich, und ich zeige dir den Weg der Wahrheit!»

Ich sagte: «Wer bin ich, o Weisheit, und wie bin ich an diesen furchterregenden Ort gekommen? Was bedeuten diese großen Hoffnungen, die zahlreichen Bücher und die seltsamen Zeichnungen? Was sollen diese Gedanken, die wie Scharen von Tauben vorbeiziehen? Und diese Worte – mit Lust gedichtet und mit Wonne deklamiert? Welcher Art sind die betrüblichen und erfreulichen Regungen, die meinen Geist befallen und mein Herz umfangen? Was für Augen sind das, die bis in mein Innerstes sehen und sich von meinen Leiden abwenden? Was für Stimmen sind das, die meine Tage beklagen und meine Bedeutungslosigkeit besingen? Was ist diese Jugend, die mit meinen Gefühlen spielt und sich über meine Sehnsucht mokiert – vergessend die Taten von gestern, sich freuend an den Belanglosigkeiten des Heute und die zukünftigen Dinge verachtend –?

Was für eine Welt ist das, die mich ins Unbekannte führt und mit mir an unbedeutenden Plätzen haltmacht? Was für eine Erde, die ihren Mund weit öffnet, um die Kadaver hinunterzuschlucken, und ihr Herz den Begierden öffnet, die sich darin ansiedeln? Und was für ein Mensch ist das, der sich mit der Liebe zum Glück begnügt, nicht

ahnend, daß sie ihn in den Abgrund führt? Wer trachtet nach dem Kuß des Lebens, wenn der Tod ihn ohrfeigt? Wer erkauft sich eine Minute Lust für ein Jahr Bedauern? Wer gibt sich dem Schlaf hin, wenn die Träume ihn rufen? Wer läuft mit den Flüssen der Unwissenheit zum Meer der Finsternis? O Weisheit, was für Dinge sind das?»
Und die Weisheit antwortete:

«Du versuchst, o Mensch, die Welt mit den Augen eines Gottes zu sehen und die Geheimnisse der kommenden Welt mit menschlichem Geist zu ergründen. Und das ist der Gipfel der Narrheit!

Geh hinaus in die Natur. Dort findest du die Biene eine Blume umkreisen und den Geier, der sich auf seine Beute stürzt. Tritt ein in das Haus deines Nachbarn. Du wirst dort das Kind finden, das über die Feuerflammen staunt, während seine Mutter mit einer Hausarbeit beschäftigt ist. Sei wie die Biene, und verschwende nicht die Zeit des Frühlings damit, den Geier zu beobachten. Sei wie das Kind. Freu dich über die Flammen des Feuers, und laß deine Mutter sich um die Hausarbeit kümmern. Alles, was du mit deinen Augen siehst, ist für dich und wird für dich sein.

Die vielen Bücher, die seltsamen Zeichnungen und die schönen Gedanken sind die Schatten der Geister, die dir vorausgegangen sind. Die Worte, die du webst, sind Brücken zwischen dir und deinen Brüdern. All die betrüblichen und erfreulichen Regungen sind Samen, welche die Vergangenheit ausgestreut hat in das Feld des menschlichen Geistes, um in die Zukunft einzudringen. Diese Jugend, die mit deinen Gefühlen spielt, ist derjenige, der die Tür deines Herzens öffnen will, um das Licht einzulassen. Die Erde, die ihren Mund öffnet, um die Kadaver zu verschlingen, wird deine Seele aus der Sklaverei deines Körpers befreien. Diese Welt, die mit dir unterwegs ist, ist dein Herz, und ein Herz ist alles, was du für diese Welt hältst. Und der Mensch, den du als unwissend und gering bezeichnest, ist aus Gott gekommen, um Freude durch Leid zu erlernen und Wissen durch Finsternis.»

Nach diesen Worten legte die Weisheit ihre Hand auf meine brennende Stirn und sagte:

«Geh weiter, und bleib nicht stehen, denn vor dir ist die Vollendung. Geh und fürchte nicht die Dornen auf dem Weg, denn sie greifen nur das unreine Blut an.»

Eine Träne und ein Lächeln

Vision

Als die Nacht anbrach und der Schlaf seinen Mantel über die Erde warf, verließ ich mein Lager und lief zum Meer. Ich sagte mir: «Das Meer schläft auch nicht, und im Wachen des Meeres findet der Schlaflose Trost.»

Als ich das Meer erreichte, hatte sich der Nebel von den Bergen auf die Küste gesenkt und bedeckte sie wie ein Schleier das Gesicht einer jungen, schönen Frau. Ich blieb stehen, beobachtete die Wellen und lauschte ihrem Choral. Ich dachte an die ewige Kraft, die sich dahinter verbirgt – die Kraft, die im Sturm dahineilt, im Vulkan aufbraust, im Mund der Rosen lächelt und mit den Bächen singt.

Nach einer Weile drehte ich mich um; da sah ich drei Geister auf einem nahen Felsen sitzen. Die Schleier des Nebels verhüllten sie teilweise. Ich näherte mich ihnen willenlos, so als ginge von ihnen eine magnetische Kraft aus. Ein paar Schritte von ihnen entfernt blieb ich wie gebannt stehen.

Da erhob sich einer der Geister und sagte mit einer Stimme, die aus der Tiefe des Meeres zu kommen schien: «Das Leben ohne Liebe ist wie ein Baum ohne Blüten und Früchte. Die Liebe ohne Schönheit ist wie Blumen ohne Duft. Leben, Liebe und Schönheit sind drei Wesen in einem einzigen, die weder ausgetauscht noch voneinander getrennt werden können.» Nach diesen Worten setzte die Erscheinung sich wieder auf ihren Platz.

Der zweite Geist erhob sich und sagte mit einer Stimme, die dem Rauschen eines Wasserfalls glich:

«Das Leben ohne Rebellion gleicht den Jahreszeiten ohne Frühling. Die Rebellion ohne Recht ist wie ein Frühling in trockener und unfruchtbarer Wüste. Leben, Rebellion und Recht sind drei Wesen in einem einzigen, die weder ausgetauscht noch voneinander getrennt werden können.»

Schließlich erhob sich der dritte Geist und sagte mit einer Stimme, die dem Dröhnen des Donners nahe kam:
«Leben ohne Freiheit ist wie ein Körper ohne Seele. Freiheit ohne Denken aber ist wie ein verwirrter Geist. Leben, Freiheit und Denken sind ein einziges Wesen, dessen Elemente weder austauschbar noch trennbar sind.»

Dann erhoben sich alle drei Phantome und sagten mit furchteinflößenden Stimmen:
«Die Liebe und was sie gebiert, die Rebellion und was sie hervorbringt, die Freiheit und was sie wachsen läßt, sind drei Aspekte Gottes. Und Gott ist das Gewissen der vernünftigen Welt.»

Danach herrschte Schweigen, das erfüllt war vom Vibrieren unsichtbarer Flügel und vom Beben ätherischer Körper. Ich schloß meine Augen und lauschte dem Echo der Worte, die ich vernommen hatte. Und als ich sie wieder öffnete, sah ich nichts als das Meer – bedeckt von einem Mantel aus Nebel. Ich näherte mich dem Felsen, auf dem die drei Geister gesessen hatten, und ich sah nichts als eine Wolke aus Weihrauch, die zum Himmel aufstieg.

Die Stürme

Die beiden Gelehrten – Parabeln

Gott

Als vor Zeiten der erste bebende Laut über meine Lippen drang, erklomm ich den heiligen Berg und sprach zu Gott. Und ich sagte: «Herr, ich bin dein Diener. Dein geheimer Wille ist mein Gesetz, und ich folge dir immerdar.»

Aber Gott antwortete nicht. Er entschwand einem mächtigen Sturme gleich.

Und nach tausend Jahren erklomm ich den heiligen Berg, und wieder sprach ich zu Gott. Und ich sagte: «Schöpfer, ich bin dein Geschöpf. Aus Ton hast du mich geformt, und was ich bin und habe, schulde ich dir.»

Aber Gott antwortete nicht. Er entschwand tausend eiligen Flügeln gleich.

Und nach tausend Jahren erklomm ich den heiligen Berg, und wieder sprach ich zu Gott. Und ich sagte: «Vater, ich bin dein Sohn. Aus Liebe und Erbarmen hast du mich gezeugt, und in Liebe und Ehrerbietung will ich dein Königreich erben.»

Aber Gott antwortete nicht. Er verschwand wie Dunst in der Ferne.

Und nach tausend Jahren erklomm ich den heiligen Berg, und wieder sprach ich zu Gott. Und ich sagte: «Mein Gott, mein Ziel und meine Erfüllung. Ich bin dein Gestern, und du bist mein Morgen. Ich bin deine Wurzel in der Erde, du bist meine Blüte am Firmament, und gemeinsam wachsen wir vor dem Antlitz der Sonne.»

Da neigte sich Gott hernieder und flüsterte süße Worte in mein Ohr. Und wie der See das Bächlein umfängt, das in ihn mündet, so umfing er mich. Und als ich in die Weiten und Täler hinabstieg, war Gott auch dort.

Der Narr

Die beiden Gelehrten

In der alten Stadt Afkar lebten einst zwei Gelehrte. Sie haßten einander, und einer bekämpfte die Lehre des anderen. Der eine leugnete die Existenz der Götter, der andere war gläubig.

Eines Tages trafen sie einander auf dem Marktplatz. Inmitten ihrer Schüler hoben sie an, über Sein und Nichtsein der Götter zu streiten. Erst nach stundenlangen Wortgefechten gingen sie wieder auseinander.

Am selben Abend ging der Ungläubige in den Tempel, warf sich vor dem Altar auf den Boden und bat die Götter wegen seines Starrsinns um Vergebung.

Zur gleichen Stunde verbrannte der andere Gelehrte, jener, der die Götter hochgehalten hatte, seine heiligen Bücher. Denn er war ungläubig geworden.

Der Narr

Die gesegnete Stadt

In meiner Jugend erzählte man mir von einer Stadt, wo jedermann nach der Heiligen Schrift lebte.

Da sagte ich: «Ich will diese gesegnete Stadt suchen.» Es

war weit dorthin, und ich traf große Vorbereitungen für meine Reise. Nach vierzig Tagen erblickte ich mein Ziel, und am einundvierzigsten Tag betrat ich die Stadt.

Und siehe, alle Bewohner hatten nur ein Auge und nur eine Hand. Ich war überrascht und dachte bei mir: Sollten gerade jene in dieser so heiligen Stadt nur ein Auge und nur eine Hand haben?

Dann sah ich, daß auch sie erstaunt waren und sich über meine beiden Hände und meine zwei Augen wunderten. Während sie so sprachen, trat ich auf sie zu und fragte: «Ist dies die gesegnete Stadt, wo jedermann nach der Heiligen Schrift lebt?» Sie antworteten mir: «Ja, sie ist es.» «Aber was», fragte ich weiter, «ist euch zugestoßen, und wo sind eure rechten Augen und eure rechten Hände?» Da ging eine Bewegung durch die Menge, und sie sagten: «Komm und sieh.»

Dann führten sie mich in die Mitte der Stadt, zum Tempel. Darin sah ich eine große Zahl verwester Hände und Augen liegen. Erschrocken fragte ich: «Welcher Eroberer vollbrachte solche Greueltat an euch?»

Wieder ging ein Raunen durch die Menge. Einer der Ältesten trat vor und sprach: «Das haben wir selbst getan. Gott machte uns zum Sieger über das Böse, das in uns wohnte.»

Darauf führte er mich zum Hochaltar. Alle folgten uns. Und er zeigte mir eine in Stein gehauene Inschrift, und da las ich:

«Wenn dein rechtes Auge dir zum Stein des Anstoßes wird, dann reiße es aus und wirf es von dir; denn es ist besser für dich, eines deiner Glieder zu verlieren, als daß dein ganzer Leib der Hölle vorgeworfen werde. Und wenn deine rechte Hand dir zum Stein des Anstoßes wird, dann haue sie ab und wirf sie von dir; denn es ist besser für dich, eines deiner Glieder zu verlieren, als daß dein ganzer Leib der Hölle vorgeworfen werde.»

Da verstand ich. Ich wandte mich der Menge zu und rief: «Hat kein Mann und keine Frau unter euch zwei Augen und zwei Hände?»

Sie antworteten: «Nein, kein einziger. Keiner ist ganz, außer jene, die noch zu jung sind, um das Gebot der Schrift zu verstehen.»

Als wir aus dem Tempel herauskamen, verließ ich augenblicklich jene gesegnete Stadt, denn ich war nicht mehr zu jung, um das Gebot der Schrift nicht zu verstehen.

Der Narr

Der gute Gott und der böse Gott

Der gute Gott und der böse Gott begegneten einander auf dem Gipfel eines Berges.

Der gute Gott sagte: «Guten Tag, Bruder.» Der böse Gott antwortete nicht.

Da sagte der gute Gott: «Du bist heute in einer üblen Laune.»

«Ja», sagte der böse Gott, «denn ich wurde letztlich oft mit dir verwechselt, wurde mit deinem Namen genannt und behandelt, als wäre ich du. Und das mißfällt mir.»

Der gute Gott sagte: «Aber auch ich wurde mit dir verwechselt und mit deinem Namen genannt.»

Da ging der böse Gott davon und fluchte der Torheit der Menschen.

Der Narr

Die drei Ameisen

Drei Ameisen trafen sich auf der Nase eines Menschen, der in der Sonne lag und schlief. Sie begrüßten einander – jede nach ihres Stammes Sitte –, standen da und redeten miteinander.

Die erste Ameise sagte: «Diese Hügel und Ebenen sind doch die kahlsten, die ich je gesehen habe. Den ganzen Tag suchte ich nach irgendeiner Krume, konnte aber nichts finden.»

Die zweite Ameise sagte: «Ich habe auch nichts gefunden, obwohl ich alle Lichtungen und schattigen Winkel absuchte. Dies ist, glaube ich, was meine Leute ‹das weiche, bewegte Land› nennen, wo nichts wächst.»

Da erhob die dritte Ameise ihren Kopf und sagte: «Meine Freunde, wir stehen hier auf der Nase der Über-Ameise. Sie ist die mächtige und unendliche Ameise, deren Leib so groß ist, daß wir ihn nicht sehen können. Ihr Schatten ist so ungeheuer, daß wir ihn nicht ermessen können, und ihre Stimme so laut, daß wir sie nicht hören können. Sie ist allgegenwärtig.»

Als die dritte Ameise gesprochen hatte, sahen sich die beiden anderen an und lachten.

In diesem Augenblick bewegte sich der Mensch im Schlaf, hob seinen Arm, kratzte sich an der Nase und zerdrückte die drei Ameisen.

Der Narr

Der weise Hund

Ein weiser Hund begegnete einst einem Rudel Katzen.
Als er näher kam und sie sehr beschäftigt fand, und sie
seiner nicht achteten, hielt er an.

Inmitten des Rudels erhob sich ein großer, gewichtiger
Kater. Er blickte in die Runde und sagte sodann: «Betet,
Brüder! – und wenn ihr unermüdlich gebetet haben werdet, ohne in euren Herzen zu zweifeln, dann wird es
wahrhaftig Mäuse regnen.»

Als der Hund dies hörte, lachte er bei sich, und indem
er wieder davonschlich, sagte er: «O ihr mit Blindheit
geschlagenen Katzen. Steht denn nicht geschrieben, und
weiß nicht jedes Kind seit Urväters Zeiten, daß es zum
Lohn für demütiges Gebet nicht Mäuse, sondern Kno-
chen regnet?!»

Der Narr

Die Tiefe der Seele –
Von Jesus

Des Kindes Liebe

Gestern war ich allein auf dieser Welt, Geliebte, und die Einsamkeit war grausamer als der Tod. Ich war verlassen wie eine Blume, die im Schatten hoher Felsen aufwächst; weder wußte das Leben etwas von mir, noch wußte ich etwas vom Leben.

Heute erwachte meine Seele, als ich dich neben mir sah. Ich war verwirrt und erfreut. Dann fiel ich vor dir nieder wie der Hirte, als er den brennenden Dornbusch erblickte.

Gestern war die Berührung des Windes rauh, die Strahlen der Sonne waren schwach, und Nebel verhüllte das Gesicht der Erde; das Rauschen der Meereswellen glich grollendem Donner.

Ich blickte in alle Himmelsrichtungen und sah nichts außer meinem leidenden Selbst; da senkten sich die Schatten der Dunkelheit auf mich herab wie hungrige Raben ...

Heute aber ist die Luft leicht und heiter, die Natur ist in Licht gebadet, die Wellen des Meeres haben sich beruhigt, und die dunklen Wolken sind zerstreut. Wo immer ich hinschaue, sehe ich dich und die Geheimnisse des Lebens, die dich umgeben wie die Kreise, die ein Vogel auf der Oberfläche des Wassers verursacht, wenn er darin badet.

Gestern war ich ein stummes Wort im Herzen der Nacht; heute bin ich ein fröhliches Lied auf den Lippen des Tages.

Die Wandlung vollzog sich in einer einzigen Minute durch einen Blick, ein Wort, einen Seufzer, einen Kuß …
Diese Minute, Geliebte, verband in meiner Seele das Vergangene mit dem Zukünftigen. Sie war wie eine weiße Rose, die aus dem Schoß der dunklen Erde ans Tageslicht kommt. Diese Minute ist für mein Leben das, was die Geburt Jesu für das Leben von Generationen bedeutet; sie war erfüllt vom Geist, von der Reinheit und der Liebe. Sie verwandelte die Finsternis meiner Seele in Licht, die Traurigkeit in Freude, das Unglück in Glück.
Die Flammen der Liebe fallen in unterschiedlichen Gestalten und Formen auf die Erde, Geliebte, doch ihre Wirkung ist die gleiche: Die kleine Flamme, die ein einzelnes menschliches Herz erleuchtet, ist aus dem gleichen Feuer wie die große, leuchtende Flamme, die vom Himmel hinabsteigt, um die Finsternis aller Nationen zu erhellen. Denn in jeder einzelnen Seele gibt es Elemente, Neigungen und Gefühle, die sich von denjenigen der ganzen menschlichen Familie nicht unterscheiden.
Die Juden erwarteten die Ankunft eines Messias, der ihnen von Beginn der Schöpfung an versprochen wurde, um sie aus der Sklaverei der Nationen zu erretten.
In Griechenland mußte man feststellen, daß die Verehrung Jupiters und Minervas in starkem Maße nachgelassen hatte und daß der geistliche Hunger der Menschen nicht mehr zu stillen war.
Und in Rom war man zu der Erkenntnis gelangt, daß die Gottheit Apollons sich weit entfernt hatte vom menschlichen Fühlen und daß die zeitlose Schönheit der Venus einer vergangenen Zeit angehörte.
Ja, alle Nationen spürten – ohne den Grund dafür zu kennen – einen geistlichen Hunger nach Lehren, welche das

Materielle überschreiten; sie sehnten sich nach einer geistigen Freiheit, die den Menschen lehrt, sich zusammen mit seinem Nachbarn zu freuen am Licht der Sonne und der Schönheit des Lebens. Denn es ist die Freiheit, die es dem Menschen erlaubt, sich ohne Furcht der unsichtbaren Macht zu nähern in der Überzeugung, daß diese das Glück des Menschen im Auge hat.

All das geschah vor 2000 Jahren, meine Liebe, als die Sehnsucht des menschlichen Herzens sich über alle sichtbaren Dinge erhob – trotz der Furcht, sich dem universellen, unsterblichen Geist zu nähern, denn Pan, der Gott der Wälder, erfüllte die Seelen mit Angst, und Baal, der Gott der Sonne, unterdrückte die Herzen der Armen und Schwachen durch die Hände seiner Priester.

Doch in einer einzigen Nacht, ja in einer einzigen Stunde, sogar in einem einzigen Augenblick – der aus der Geschichte herausragt, da er stärker ist als sie – öffneten sich die Lippen des Geistes, und sie sprachen das Wort des Lebens, das von Anbeginn an im Geist war.

Und es fiel herab mit dem Licht der Sterne und den Strahlen des Mondes, es nahm Fleisch an und wurde ein Kind in den Armen einer Frau an einem abgelegenen Ort, wo Hirten ihre Schafe hüteten vor den Gefahren der Nacht.

Dieses Kind, das auf trockenem Stroh in einer Futterkrippe schlief, ist ein König; sein Thron sind die Herzen, die vom Joch der Knechtschaft niedergeschlagen und erdrückt sind, Seelen, die sich nach dem Geist sehnen, und Denken, das nach Weisheit dürstet...

Dieser Säugling, der in den Kleidern seiner armen Mutter eingewickelt ist, hat durch seine Menschenfreundlichkeit dem Jupiter das Szepter der Macht aus der Hand genommen und es dem armen Hirten anvertraut, der auf der Erde zwischen seinen Schafen liegt. Durch seine Sanftmut nahm er die Weisheit von Minerva und legte sie in den Mund des einfachen Fischers, der am Ufer des Sees in seinem Boot saß. Die Seligkeit des Apollon schenkte er den Menschen mit gebrochenen Herzen, die am Wege stehen, um zu betteln. Und die Schönheit der Venus ließ er im Geist der Frau wohnen, die sich vor der Härte ihrer Verfolger fürchtet. Er war es, der Baal von seinem Thron absetzte und auf seinem Platz den Sämann einsetzte, der im Schweiße seines Angesichts seine Saat auf die Felder aussät.

*

Waren meine Gefühle gestern nicht die der Stämme Israels? Wartete ich nicht im Schweigen der Nacht auf die Ankunft eines Erlösers, der mich aus der Knechtschaft der Tage befreit. Verspürte ich nicht – wie jene Nationen der Vergangenheit – den tiefen geistlichen Hunger? Lief ich nicht auf den Wegen des Lebens wie ein Kind, das sich in fremder Umgebung verirrt hat? Und war meine Seele nicht wie ein Samenkorn, das auf steinigen Felsen gefallen war? Weder wurde es von einem Vogel aufgepickt, damit es stürbe, noch nahm es die Erde auf, damit es lebte.

Das war gestern, Geliebte, als meine Träume die Dunkelheit suchten, weil sie sich vor dem Licht fürchteten – und als Verzweiflung und Verdruß mich heimsuchten.

Doch in einer einzigen Nacht, ja einer einzigen Stunde, sogar in einem einzigen Augenblick wandte ich mich ab von den vergangenen Jahren meines Lebens, weil dieser

Moment schöner war als diese Jahre. Aus hohem Licht-
kreis fiel der Geist auf mich herab; er sah mich an mit
deinen Augen und sprach zu mir mit deinen Lippen. In
diesem Blick und diesem Wort erschien mir die Liebe
und senkte sich in mein gebrochenes Herz.

Eine mächtige Liebe ist es, die in der Krippe meines
Herzens liegt, eine schöne Liebe, eingewickelt in die
Windeln meiner Gefühle. Dieser süße Säugling ver-
wandelte die Sorgen meines Herzens in Freude, mei-
ne Verzweiflung in Hoffnung und meine Einsamkeit in
Glückseligkeit.

Dieser König auf dem Thron der Seelen brachte mit
seiner Stimme meine toten Tage zum Leben; er berühr-
te meine geblendeten Augen und gab ihnen das Licht
zurück, und auf dem Abgrund meiner Verzweiflung ließ
er die Hoffnung wachsen.

*

Mein vergangenes Leben war eine lange Nacht, Geliebte, dann erschien die Morgenröte, und bald wird der Tag
anbrechen, denn der Atem des Jesuskindes hat sich mit
der Brise vermischt und erfüllt die Atmosphäre. Mein
Leben war Trauer, die sich in Freude verwandelt hat. Von
nun an wird mein Leben Glückseligkeit sein, denn die
Arme des Jesuskindes halten mein Herz umfangen.

Eine Träne und ein Lächeln

Am Vorabend des Festes

Der Abend war angebrochen, und Finsternis legte sich auf die Stadt. In den Palästen und Häusern wurden die Lichter angezündet; die Menschen strömten in ihren neuen Festkleidern auf die Straßen. In ihren Gesichtern spiegelte sich Zufriedenheit, und ihr Atem war vermischt mit dem Geruch von Essen und alkoholischen Getränken.

Ich aber wanderte allein auf einsamen Wegen, weit entfernt von der Menge und ihrem Festlärm, denn ich wollte nachdenken über denjenigen, den man heute feiert. Ich wollte nachdenken über dieses größte Genie aller Jahrhunderte, der arm geboren wurde, selbstlos lebte und am Kreuz starb.

Ich dachte nach über die Flamme, die der Weltgeist in einem der syrischen Dörfer entzündete und die über den Köpfen aller Jahrhunderte schwebte – von einer Zivilisation zur anderen.

Als ich den Stadtpark erreicht hatte, setzte ich mich auf eine Holzbank und blickte durch die Zweige der Bäume auf die belebten Straßen; aus der Ferne hörte ich die Lieder der feiernden Menschen, die sich im Reigen der Sorglosigkeit bewegten auf der Suche nach Zerstreuung. Nachdem ich etwa eine Stunde dort gesessen hatte – versunken in meinen Gedanken und Träumen –, schaute ich mich um und entdeckte neben mir einen Mann. In seiner Hand hatte er einen Stock, mit dem er eigenartige Figuren auf den Boden zeichnete.

Er ist einsam wie ich, dachte ich in meinem Innern.

Dann sah ich ihn mir genauer an und stellte fest, daß er trotz seiner abgetragenen Kleidung und seinen langen

Haaren eine würdevolle Erscheinung war. Es schien, als habe er meine Gedanken erraten. Er wandte sich mir zu und sagte mit ruhiger und tiefer Stimme:

«Guten Abend!»

Ich erwiderte seinen Gruß und sagte:

«Möge Gott Euch einen glücklichen Abend schenken!»

Er fuhr fort, mit dem Stock Figuren auf den Boden zu zeichnen.

Da mir die Melodie seiner Stimme gefiel, fragte ich ihn nach einer Weile: «Seid Ihr fremd in dieser Stadt?»

Er entgegnete: «Ich bin ein Fremder, sowohl in dieser Stadt als auch in jeder anderen!»

Ich sagte: «An Festtagen wie diesem vergißt ein Fremder seine Einsamkeit, da er bei den Menschen an solchen Tagen auf Sympathie und Großzügigkeit stößt.»

Er antwortete: «Ich bin ein Fremder an diesem Tag und an allen anderen Tagen.» Und indem er dies sagte, schaute er zum Abendhimmel empor. Seine Augen öffneten sich weit, und seine Lippen zitterten, als hätte er dort eine ferne Heimat erblickt.

Ich fuhr fort: «An diesen Festtagen gehen die Menschen freundlicher miteinander um. Der Reiche denkt an den Armen und der Starke an den Schwachen.»

«Das Mitgefühl des Reichen mit dem Armen ist versteckte Selbstliebe», entgegnete er, «und das Erbarmen des Starken mit dem Schwachen nährt sich aus einem Überheblichkeitsgefühl.»

«Das mag stimmen», sagte ich, «aber was kümmert es den Armen und den Schwachen, was im Kopf des Reichen und Starken vorgeht, wenn er nur sein Brot hat. Gewiß ist es ihm gleich, auf welche Weise das Brot, das er ersehnt, geknetet wurde.»

«Der Empfänger denkt nicht daran», antwortete er, «aber der Gebende muß immer daran denken, und zwar gründlich!»

Seine Worte gefielen mir, und ich betrachtete erneut seine würdige Erscheinung in dem verschlissenen Gewand.

Nach einer Weile sagte ich: «Ich habe den Eindruck, als bedürftet Ihr der Hilfe. Darf ich Euch einige Dinare anbieten?»

Mit einem traurigen Lächeln auf den Lippen erwiderte er: «Ja, ich bedarf Eurer Hilfe, aber nicht Eures Geldes!»

«Was braucht Ihr also?» fragte ich ihn.

«Ich brauche einen Ort, wo ich mein Haupt hinlegen kann», antwortete er.

Ich schlug ihm vor: «Nimm von mir zwei Dinare, und miete dir ein Zimmer in der Herberge.»

«Ich war in jeder Herberge dieser Stadt und habe keinen Unterschlupf gefunden», sagte er, «ich habe an jede Tür geklopft und keinen Freund gefunden, ich habe jedes Restaurant betreten, und niemand hat mir ein Stück Brot gegeben.»

Ich dachte bei mir: «Wie merkwürdig ist dieser Mensch! Einmal spricht er wie ein Weiser und dann wie ein Narr!»

Als hätte er meine Gedanken gelesen, sah er mich eindringlich an und sprach lauter als zuvor: «Ja, ich bin ein Narr! Und wer so ist, wie ich bin, ist ein Fremder ohne Unterkunft und ein Hungernder ohne Nahrung!»

«Entschuldigt meine Gedanken», sagte ich, «aber ich kenne Euch nicht, und Eure Worte haben mich in Erstaunen versetzt. Nehmt meine Einladung an, und verbringt diese Nacht in meinem Hause!»

Er hob seinen Kopf und sagte: «Wenn Ihr wüßtet, wer ich bin, hättet Ihr mich nicht eingeladen!»

«Und wer seid Ihr?» fragte ich.

«Ich bin die Rebellion, die zerstört, was andere aufgebaut haben. Ich bin der Sturm, der die Pflanzen entwurzelt, welche Jahrhunderte aussäten. Ich kam, damit das Schwert anstelle des Friedens herrsche!»

Er erhob sich, und seine Gestalt wurde immer größer, sein Gesicht verklärte sich, und er streckte seine Arme weit aus. Da entdeckte ich in seinen Handflächen die Male von Nägeln. Ich fiel vor Ihm auf die Knie und rief: «O Jesus von Nazareth!»

Ich hörte ihn sagen: «Die Welt feiert meinen Namen und die Überlieferungen, welche die Jahrhunderte mit meinem Namen in Verbindung gebracht haben. Ich selber aber bin ein Fremder, der den Orient und den Okzident durchwandert, ohne von jemandem erkannt zu werden. Die Füchse haben ihre Höhlen und die Vögel des Himmels ihre Nester, aber der Menschensohn hat nichts, wohin er sein Haupt legen könnte.»

In diesem Augenblick schaute ich mich um, aber ich sah nur eine Rauchsäule, und ich hörte nichts als die Stimme der Nacht, die aus den Tiefen der Ewigkeit kam.

Die Stürme

Der Gekreuzigte

(Geschrieben am Karfreitag)

Heute, sowie jedes Jahr an diesem Tag, wird der Mensch aufgeschreckt aus seinem tiefen Schlaf. Er steht vor dem Wahngebilde der Zeit und blickt mit tränenerfüllten Augen nach Golgotha, um Zeugnis abzulegen für Jesus von Nazareth, der ans Kreuz geschlagen wurde … Aber wenn der Tag um ist und der Abend herannaht, kehren die Menschen zurück, um vor ihren Götzen zu knien, die sie auf jedem Hügel, auf jedem Feld und auf jedem Handelsplatz errichtet haben.

Heute fliegen die Seelen der Christen auf den Schwingen der Erinnerung nach Jerusalem. Dort werden sie in Scharen stehen, sich auf die Brust schlagen und Ihn anstarren, Ihn, der mit Dornen gekrönt seinen Arm vor den Himmeln ausstreckt und durch die Schleier des Todes in die Tiefen des Lebens blickt …

Aber wenn der Vorhang der Nacht über der Bühne des Tages fällt und das kurze Drama zu Ende ist, werden die Christen in Gruppen zurückkehren und sich im Schatten des Vergessens zwischen die Leintücher der Unwissenheit und Trägheit niederlegen.

An diesem einen Tag des Jahres verlassen die Philosophen ihre dunklen Höhlen und die Denker ihre kalten Zellen und die Dichter die Laube ihrer Träume; alle stehen in Verehrung auf dem stillen Berg und lauschen der Stimme eines jungen Mannes, der von seinen Mördern sagt: «Vater vergib ihnen, denn sie wissen nicht, was sie tun.»

Aber wenn in der dunklen Stille die Stimmen des Lichtes verlöschen, dann kehren die Philosophen, die Denker und die Dichter in ihre engen Spalten zurück und verhüllen ihre Seelen in bedeutungslosen Pergamentblättern.

Frauen, die sonst mit den Herrlichkeiten des Lebens beschäftigt sind, werden sich am heutigen Tag von ihren Polstern erheben, um eine kummervolle Frau unter dem Kreuz stehen zu sehen, wie ein zarter Zweig vor dem Wüten des Sturmes. Und wenn sie sich ihr nähern, wird tiefes Stöhnen und schmerzvoller Gram an ihr Ohr dringen. Die jungen Männer und Frauen, die mit dem Strom der modernen Zivilisation um die Wette laufen, werden heute für einen Augenblick innehalten und zurückblicken, um die junge Magdalena zu sehen, die mit ihren Tränen die Blutflecken von den Füßen eines heiligen Mannes wäscht, der zwischen Himmel und Erde aufgehängt ist. Wenn ihre Augen genug von dem Anblick haben, werden sie gehen und bald wieder lachen.

An diesem Tag des Jahres erwacht die Menschheit zusammen mit dem Frühling und steht weinend unter dem leidenden Mann aus Nazareth. Dann schließt sie ihre Augen und überläßt sich einem tiefen Schlummer. Aber der Frühling bleibt wach, lächelnd schreitet er fort, bis er in den Sommer übergeht, angetan mit einem wohlriechenden, goldenen Gewand. Die Menschheit aber gehört zu den Trauernden, die Wohlgefallen finden im Beklagen von Erinnerungen und vergangenen Helden ... Wenn die Menschheit im Besitze eines höheren Verständnisses wäre, würde sie über ihr Heil jubeln. Die Menschheit aber ist wie ein Kind, das voll Lust neben einem verwundeten Tier steht. Die Menschheit verharrt lachend vor dem anwachsenden Strom, der die trockenen Äste eines Baumes in die Vergessenheit spült, und mit sich alle Dinge, die nicht fest sind, hinwegreißt.

Die Menschheit betrachtet Jesus von Nazareth als einen von den Armen, der wie so viele Arme Elend und Demütigung erfahren hat. Jahrhundertelang hat die Menschheit die Schwachheit in der Person des Erlösers verehrt. Der Mann aus Nazareth war nicht schwach. Er war stark und ist es noch heute. Nur die Menschen weigern sich, die wahre Bedeutung seiner Kraft anzuerkennen.

Jesus hat nie in Angst gelebt, noch ist er leidend oder voller Klagen gestorben ... Er lebte als Führer, er wurde gekreuzigt als Kreuzfahrer, er starb mit einem Heldenmut, der seine Mörder und Peiniger das Fürchten lehrte.

Jesus war kein Vogel mit gebrochenen Schwingen. Er hielt einem Sturm stand, der alle schwachen Flügel brach. Er fürchtete weder seine Verfolger noch seine Feinde. Er litt nicht durch seine Mörder. Er war frei, tapfer und mutig. Er trotzte allen Despoten und Unterdrückern. Er sah die ansteckenden Eiterbeulen und schnitt sie weg ... Er brachte das Böse zum Verstummen, er zertrümmerte die Falschheit und erstickte den Verrat.

Jesus kam nicht aus dem Inneren des Lichtes, um die Wohnungen zu zerstören und auf ihren Ruinen Klöster und Abteien zu errichten. Er überredete nicht die Starken, Mönche oder Priester zu werden. Er kam, um einen neuen Geist auf diese Erde zu senden mit der Kraft, die Grundfesten eines jeden Reiches zu erschüttern, das auf Gebeinen und Totenköpfen von Menschen errichtet ist ... Er kam, um die majestätischen Paläste einzureißen, die auf den Gräbern der Schwachen errichtet sind; er kam, um die Götzen zu stürzen, die auf Kosten der Armen ihre Tempel erbauten. Jesus wurde nicht gesandt, um die Menschen zu lehren, wie man großartige Kirchen und Heiligtümer inmitten kalter, elender Hütten und düsterer Schuppen erbaut... Er kam, um die Herzen der Menschen zu Tempeln zu machen, ihre Seelen zu Altären und ihren Geist zu Priestern.

Das war die Sendung des Jesus von Nazareth, und das sind die Lehren, für die er gekreuzigt wurde. Wenn die Menschheit weise wäre, würde sie heute dastehen und mit voller Kraft den Gesang des Sieges und die Hymne des Triumphes singen.

*

Oh, gekreuzigter Jesus, der du schmerzerfüllt von Golgotha auf die traurige Prozession der Zeiten blickst, das Geschrei der unterdrückten Völker hörst und die Träume der Ewigkeit verstehst...

Du bist am Kreuze glorreicher und würdevoller als tausend Könige auf tausend Thronen in tausend Königreichen...

Du bist im Todeskampf mächtiger als tausend Generäle in tausend Kriegen...

In deinem Schmerz bist du freudvoller als der Frühling mit seinen Blumen...

In deinem Leid bist du von größerer Tapferkeit als die Engel des Himmels mit ihrem Weinen...

Vor deinen Peinigern bist du fester als ein Berg von Fels...

Deine Dornenkrone ist strahlender und feiner als die Krone Bahrams ... die Nägel, die deine Hände durchbohren, sind schöner als das Zepter Jupiters. Die Blutflecken auf deinen Füßen sind glänzender als das Geschmeide der Ischtar.

Vergib den Schwachen, die heute um dich klagen, denn sie wissen nicht, daß sie besser sich selbst beklagen sollten ...

Vergib ihnen, denn sie wissen nicht, daß du den Tod durch den Tod besiegt und den Toten das Leben geschenkt hast ...

Vergib ihnen, denn sie wissen nicht, daß deine Kraft sie stets erwartet ...

Vergib ihnen, denn sie wissen nicht, daß jeder Tag dein Tag ist.

Geheimnisse des Herzens

Ein persischer Philosoph

Ich kann weder das Schicksal dieses Mannes voraussehen, noch kann ich voraussagen, was Seinen Jüngern widerfahren wird.

Ein im Herzen eines Apfels verstecktes Samenkorn ist ein unsichtbarer Obstgarten. Doch wenn dieses Korn auf felsigen Boden fällt, wird nichts daraus hervorgehen.

Aber das muß ich sagen, der Gott Israels ist streng und unbarmherzig. Israel braucht einen anderen Gott, der gütig und nachsichtig ist, einen Gott, der voller Erbarmen auf die Menschen herabsieht, der mit den Strahlen der Sonne hinabsteigt und die Menschen auf ihren Wegen begleitet, statt ständig auf dem Richterstuhl zu sitzen, ihre Fehler zu wiegen und ihre Vergehen zu messen.

Israel sollte einen Gott hervorbringen, dessen Herz nicht eifersüchtig wacht und dessen Erinnerung an die Schwächen der Menschen kurz ist, einen Gott, der sich nicht an ihnen rächt bis zum dritten und vierten Geschlecht.

Der Mensch hier in Syrien ist wie die Menschen in allen Ländern: er schaut in den Spiegel und erblickt darin seine Gottheit. Er formt sich seine Götter nach seinem Bild und betet das Spiegelbild seiner eigenen Züge an.

In Wahrheit wendet sich der Mensch im Gebet an seine tiefste Sehnsucht, damit sie sich erhebt und all seine Wünsche erfüllt. Es gibt keine andere Tiefe als die Tiefe der menschlichen Seele. Die Seele ist die Tiefe, die sich selber sucht. Und es gibt keine andere Stimme, die spricht, und keine anderen Ohren, die hören. Selbst wir in Persien sehen unsere eigenen Gesichter in der Sonnenscheibe und unsere tanzenden Körper im Feuer, das wir auf den Altären entzünden.

Und was den Gott Jesu betrifft, den Er Vater nennt, so ist Er kein Fremder für die Menschen um Jesus, und Er wird ihre Wünsche erfüllen.

Die Götter von Ägypten haben ihre Steinlasten abgeworfen und sind in die Wüsten Nubiens geflohen, um frei zu sein inmitten von Menschen, die noch frei sind vom Wissen.

Die Götter Griechenlands und Roms verlöschten in ihrem eigenen Sonnenuntergang. Sie glichen den Menschen zu sehr, um in ihrer Ekstase fortzuleben. Die Haine, in denen ihr Zauber blühte, wurden von den Äxten der Athener und Alexandriner abgeholzt.

Und auch in diesem Land werden die Hochgestellten entthront von den Rechtsgelehrten Beiruts und den jungen Eremiten Antiochiens. Nur noch alte Frauen und rückständige Greise besuchen die Tempel ihrer Vorväter. Denn die Erschöpften suchen am Ende des Weges seinen Beginn.

Doch dieser Mann Jesus, dieser Nazaräer, sprach von einem Gott, der zu unermeßlich ist, um der Seele irgendeines Menschen fremd zu sein, zu verständnisvoll, um zu strafen, und zu gütig, um sich der Sünden Seiner Geschöpfe zu erinnern.

Dieser Gott des Nazaräers wird die Schwelle überschreiten zu allen Kindern der Welt. Er wird an ihrem Herd sitzen, ein Segen sein in ihren Häusern und ein Licht auf ihren Wegen.

Mein Gott aber ist der Gott Zoroasters. Er ist die Sonne am Himmel, das Feuer auf der Erde und das Licht im Herzen der Menschen. Ich bin zufrieden; ich brauche keinen anderen Gott.

Jesus Menschensohn

Malachias von Babylon

Ihr fragt mich nach den Wundern Jesu.

Alle tausend mal tausend Jahre treffen sich Sonne, Mond, die Erde und all ihre Geschwister-Planeten in einer geraden Linie. Dann beratschlagen sie einen Augenblick zusammen, bevor sie wieder auseinandertreiben und darauf warten, daß wieder tausend mal tausend Jahre vergehen und sie sich für einen Augenblick wiedersehen.

Kein Wunder ist größer als das der Jahreszeiten. Und wir kennen längst nicht alle Jahreszeiten. Wie wäre es, wenn eine in der Gestalt eines Menschen erschiene? In Jesus vereinten sich die Elemente unseres Körpers mit den Elementen unserer Träume. Alles, was vor Ihm außerhalb der Zeit lag, trat mit Ihm in die Zeit ein.

Man sagt, daß Er Blinde sehend und Lahme gehend machte und aus Besessenen die Dämonen vertrieb.

Vielleicht ist Blindheit nur ein dunkler Gedanke, den ein heller Gedanke vertreiben kann. Ein lahmes Glied ist möglicherweise nur Trägheit, die sich durch Energieübertragung beleben läßt. Und vielleicht können Dämonen, diese Unruhegeister unseres Lebens, durch Engel des Friedens und der Heiterkeit verscheucht werden.

Ja, man sagt sogar, daß Er Tote ins Leben zurückrief. Wenn ihr mir sagen könnt, was der Tod ist, werde ich euch sagen, was das Leben ist.

Auf einem Feld sah ich einmal eine Eichel, ein scheinbar nutzloses und unscheinbares Ding. Als ich aber im Frühling wiederkam, hatte die Eichel Wurzel geschlagen und streckte sich zur Sonne aus; es war der Beginn eines mächtigen Eichenbaums.

Sicher werdet ihr das als Wunder bezeichnen. Und solches Wunder vollzieht sich tausend und abertausend Male im Schlummer jedes Herbstes und in der Leidenschaft jedes Frühlings.

Warum soll es sich nicht auch im Herzen der Menschen ereignen können?

Wenn Gott der Erde die Kraft schenkte, eine scheinbare tote Saat in ihrem Innern zum Leben keimen zu lassen, warum sollte Er dem Menschenherzen nicht die Kraft verleihen, Leben in ein anderes Herz zu hauchen, das scheinbar tot ist?

Ich sprach von jenen Wundern, die ich für gering erachte im Vergleich zu dem ungleich größeren Wunder, das dieser Mann selber ist, dieser Wanderer, dieser Mann, der meinen Unrat in Gold verwandelte, der mich lehrte, diejenigen zu lieben, die mich hassen, der meinem Leben Erquickung schenkte und meinem Schlaf die angenehmsten Träume.

Das ist das Wunder in meinem eigenen Leben.

Meine Seele war blind und lahm, und ich war besessen von ruhelosen Geistern, und ich war tot.

Nun aber sehe ich klar und gehe aufrecht. Ich lebe in Frieden mit mir, und jede Stunde des Tages bezeuge und verkünde ich mein lebendiges Sein.

Ich gehöre nicht zu Seinen Jüngern. Ich bin nur ein alter Astronom, der die Felder des Kosmos in jeder Jahreszeit einmal besucht, um seine Gesetze und Wunder zu beobachten.

Ich habe die Abenddämmerung meines Lebens erreicht, und wenn ich das Morgenrot meines Lebens suche, dann halte ich Ausschau nach der Jugend Jesu.

Jesus Menschensohn

Barka, ein Kaufmann aus Tyros

Ich glaube, daß weder die Römer noch die Juden Jesus
von Nazareth verstanden, nicht einmal Seine Jünger, die
jetzt Seinen Namen predigen, verstanden Ihn wirklich.
Die Römer töteten Ihn, und das war ein Fehler. Die
Galiläer wollten einen Gott aus Ihm machen, und das ist
ein Irrtum.
Jesus kam aus dem Herzen der Menschen.
Ich habe mit meinen Schiffen die sieben Weltmeere
bereist. Auf den Marktplätzen entfernter Städte trieb ich
Handel mit Königen und Prinzen ebenso wie mit Betrü-
gern und Schwindlern. Doch niemals bin ich einem
Mann begegnet, der die Kaufleute so gut verstand wie Er.
Einmal hörte ich Ihn dieses Gleichnis erzählen. Ein
Kaufmann wollte in ein fremdes Land reisen. Er gab
jedem seiner beiden Diener eine Handvoll Gold und
sagte zu ihnen: Sobald ich auf Reisen bin, brecht auch
ihr auf, und nutzt die Gelegenheit, um Gewinn zu erzie-
len! Macht redliche Geschäfte, und seht zu, daß ihr durch
Nehmen und Geben einander dient.
Nach einem Jahr kehrte der Kaufmann zurück. Er ließ
die beiden Diener kommen und fragte sie, was sie mit
seinem Gold gemacht hätten.
Der eine Diener sagte: Schau, Meister, ich habe gekauft
und verkauft und dabei diese Gewinne erzielt.
Der Kaufmann antwortete: Der Gewinn soll dir gehören,
denn du hast recht gehandelt.
Dann näherte sich der andere Diener und sagte: Meister,
ich hatte Angst, dein Gold zu verlieren. Deshalb habe ich
weder gekauft noch verkauft. Sieh, dein Gold befindet
sich unangetastet in diesem Geldbeutel.

Der Kaufmann nahm das Gold und sagte: Wie kleingläubig du doch bist! Handeln und verlieren ist besser, als nichts zu unternehmen. Denn so wie der Wind die Saat zerstreut und auf Früchte wartet, so müssen alle Kaufleute handeln. Für dich ist es besser, in Zukunft für andere zu arbeiten und ihnen zu dienen. Indem Jesus so sprach, enthüllte Er das ganze Geheimnis des Handels, obgleich Er selbst kein Kaufmann war.

Übrigens, Seine Gleichnisse führten mir Länder vor Augen, die entfernter waren als die entferntesten, die ich je bereist hatte, und dennoch waren sie mir näher als mein Haus und meine Waren.

Aber der junge Nazaräer war kein Gott; und es ist schade, daß Seine Jünger versuchen, aus einem Weisen einen Gott zu machen.

Jesus Menschensohn

Ein Mann aus dem Libanon, neunzehn Jahrhunderte später

Meister, Meister aller Sänger,
Meister der unausgesprochenen Worte,
siebenmal wurde ich geboren,
und siebenmal bin ich gestorben
seit deinem kurzen Besuch
und unserer knappen Begrüßung,
und siehe, ich lebe aufs neue.
Ich erinnere mich an einen Tag und eine Nacht,
die wir im Gebirge verbrachten,
emporgehoben von deiner Flut.
Danach durchquerte ich zahlreiche Länder und Meere,

und wohin mich Sattel und Segel auch brachten,
überall begegnete ich deinem Namen,
sei es im Gebet oder im Streitgespräch;
entweder verherrlichten dich die Menschen
oder sie verfluchten dich,
der Fluch, ein Protest gegen Mißlingen,
die Verherrlichung, eine Hymne des Jägers,
der proviantbeladen aus den Bergen
zu seiner Gefährtin zurückkehrt.

Deine Freunde sind immer noch unter uns, Meister,
um uns zu trösten und zu ermutigen,
und deine Feinde sind noch da,
um uns herauszufordern und zu stärken.
Auch deine Mutter ist in unserer Mitte;
ich sehe den Glanz ihres Antlitzes
in den Zügen aller Mütter,
ihre Hände wiegen das Neugeborene
zärtlich in den Schlaf,
und ihre Hände falten sanft das Leichentuch.
Auch Maria Magdalena lebt noch unter uns,
sie, die den Essig des Lebens trank,
bevor sie seinen Wein kostete.
Und Judas, der Mann großer Mühen
und kleinlicher Ambitionen
geht noch über diese Erde, er nagt an sich selber,
wenn sein Hunger kein anderes Opfer findet.
Und er sucht sein besseres Ich
durch Selbstzerstörung.

Johannes, dessen Jugend die Schönheit liebte,
ist ebenfalls unter uns zugegen.

Er singt, selbst wenn niemand ihn beachtet.
Der übereifrige Simon Petrus,
der dich verleugnete, um länger für dich zu leben,
sitzt wie eh und je an unserem Feuer.
Es mag sein, daß er dich noch einmal verleugnet,
bevor die Sonne eines neuen Tages aufgeht.
Dennoch wird er sich für dich kreuzigen lassen,
und sich dabei solcher Ehre für unwürdig halten.
Und Kaiphas und Annas
thronen heute noch auf ihrem Richterstuhl,
sie verurteilen den Schuldigen
ebenso wie den Unschuldigen.
Sie schlafen gut auf ihren weichgefederten Betten,
während der Unschuldige, den sie verurteilten,
mit Ruten ausgepeitscht wird.

Die Frau, die man in flagranti
beim Ehebruch ertappte, geht immer noch
durch die Straßen unserer Städte.
Sie hungert nach einem Brot,
das noch nicht gebacken ist,
sie lebt alleine
in einem verlassenen, menschenleeren Haus.
Auch Pontius Pilatus steht noch
scheu und ehrfürchtig vor mir.
Er fährt fort, dich auszufragen,
doch er wagt es nicht,
seine Stellung zu gefährden,
seinen Posten zu riskieren
oder eine andere Rasse zu brüskieren.
Immer noch wäscht er seine Hände in Unschuld.
Jerusalem hält die Schale

und Rom den Wasserkrug,
um tausend und abertausend Hände reinzuwaschen.

Meister, Meister aller Dichter,
Meister der gesungenen und gesprochenen Worte,
die Menschen bauten Tempel,
um deinen Namen zu beherbergen.
Auf jedem Gipfel richteten sie dein Kreuz auf,
um ihre unberechenbaren Füße dorthin zu lenken,
nicht aber in Richtung deiner Freude.
Deine Freude ist ein Gipfel
jenseits ihrer Vorstellungen.
Sie denken nicht daran,
in deiner Freude Erfüllung zu finden.
Sie ehren den Mann, den sie nicht kennen.
Doch welchen Trost kann jemand spenden,
der wie sie selber ist,
dessen Güte ihrer Güte gleicht,
dessen Barmherzigkeit nach der ihren bemessen ist?

Sie rühmen nicht diesen lebendigen Menschen,
den ersten, der seine Augen öffnete
und in die Sonne schaute,
ohne mit der Wimper zu zucken.
Nein, sie kennen ihn nicht
und wollen ihm nicht gleichen.
Sie ziehen es vor, unbekannt in der Menge zu bleiben.
Lieber wollen sie Kummer ertragen, ihren Kummer,
als in deiner Freude Erquickung zu finden.
Ihre schwermütigen Herzen suchen Trost,
weder in deinen Worten
noch in der Melodie deiner Worte.

Ihr stummer, gestaltloser Schmerz
macht einsame Kreaturen aus ihnen.
Obgleich sie umgeben sind von Verwandten und
    Bekannten,
leben sie ohne Freunde, verzehrt von der Angst,
und sie beklagen sich, alleine zu sein.
Sie wenden sich nach Osten,
wenn der Westwind weht.
Sie nennen dich König, in der Hoffnung,
deinem Hofstaat anzugehören.
Sie nennen dich den Messias
und würden am liebsten selber
mit dem heiligen Öl gesalbt.
Ja, sie möchten auf deine Kosten leben.

Meister, Meister aller Sänger,
deine Tränen waren wie Maischauer
und dein Lachen wie die gischtweißen Wellen
des Meeres,
deine Worte waren das ferne Flüstern
vom Feuer entfachter Lippen.
Du lachtest für ihren innersten Nerv,
der noch nicht zum Lachen bereit war,
du weintest für ihre Augen,
die noch trocken waren.
Deine Stimme zeugte ihre Gedanken und Erkenntnisse,
deine Stimme gebar ihre Worte und ihren Atem.
Siebenmal wurde ich geboren,
und siebenmal bin ich gestorben.
Und siehe, ich lebe wieder
und schaue dich an,
den Kämpfer unter Kämpfern,

den Dichter der Dichter,
den König über allen Königen,
den halbnackten Weggefährten.
Täglich neigt der Bischof sein Haupt,
wenn er deinen Namen ausspricht.
Täglich betteln die Bettler:
«Gib uns – Jesu zuliebe – einen Pfennig,
um Brot zu kaufen.»
Wir rufen einander um Hilfe,
doch in Wirklichkeit rufen wir zu dir,
wie die Flut –
im Frühling unserer Bedürfnisse und Wünsche,
und wie die Ebbe –
beim Nahen unseres Herbstes.
Laut oder leise,
dein Name ist stets auf unseren Lippen,
Meister unendlichen Erbarmens.

Meister unserer einsamen Stunden,
da und dort, zwischen Wiege und Sarg
begegne ich deinen schweigenden Brüdern,
den ungefesselten, freien Menschen,
Söhne deiner Mutter, der Erde
und des Weltenraums.
Sie sind wie die Vögel des Himmels
und wie die Lilien des Feldes.
Sie leben dein Leben,
denken deine Gedanken
und singen dein Lied,
aber ihre Hände sind leer.
Zu ihrem großen Kummer
erleiden sie keine aufsehenerregende Kreuzigung,

nur täglich kreuzigt die Welt sie
in unscheinbarer Weise,
ohne daß der Himmel erschüttert ist
und die Erde sich auflehnt.
Sie werden gekreuzigt,
und niemand ist Zeuge ihrer Agonie.
Sie wenden ihr Gesicht nach rechts und links
und erblicken keinen,
der ihnen einen Platz in seinem Königreich verspricht.
Und doch würden sie sich jeden Tag
aufs neue kreuzigen lassen,
damit dein Gott ihr Gott sei
und dein Vater ihr Vater.

Meister, Meister der Liebenden,
in ihrer duftenden Alkove
erwartet dich die Prinzessin,
und die verheiratete, unverheiratete Frau
in ihrem Gefängnis.
In den Straßen ihrer Scham
wartet die Prostituierte auf der Suche nach Brot,
und die ehelose Nonne in ihrem Kloster.
Die kinderlose Frau sitzt am Fenster,
wo der Frost den Wald an die Scheiben malte,
sie findet dich in dieser Symmetrie,
bemuttert dich und ist getröstet.

Meister, Meister aller Dichter,
Meister unserer verschwiegenen Wünsche,
das Herz der Welt pocht
mit dem Pulsschlag deines Herzens,
doch es entflammt nicht

beim Hören deines Liedes.
Die Welt sitzt da,
deinem Lied fröhlich lauschend,
aber sie erhebt sich nicht vom Sitz,
um die Gipfel deiner Berge zu erklimmen.
Dem Menschen gefällt es,
deine Träume zu träumen,
doch er will nicht erwachen
beim Anbruch deiner Morgenröte,
die sein schönster Traum ist.
Er möchte mit deinen Augen sehen,
aber nicht seine schweren Füße
zu deinem Thron schleppen müssen.
Viele wurden in deinem Namen gekrönt
und erhielten dank deiner Macht die Mitra.
Deinen goldenen Besuch
verwandelten sie in Kronen für ihre Köpfe
und in Szepter für ihre Hände.

Meister, Meister des Lichts, dessen Auge
in den tastenden Fingern des Blinden wohnt,
immer noch wirst du verachtet und verschmäht,
als Mensch, der zu schwach und kraftlos ist,
um Gott zu sein,
und als Gott, der zu menschlich ist,
um anbetungswürdig zu sein.
Ihre Messen und Hymnen,
ihre Sakramente und Rosenkränze
gelten ihrem eingekerkerten Ich.
Du aber bist ihr entferntes Ich,
ihr weittragender Schrei
und ihre Passion.

Doch webst du auch diesen Tag,
Herz, so hoch erhoben wie der Himmel,
Ritter unserer glücklichsten Träume.
Weder Bogen noch Lanzen
können deinen Schritt aufhalten.
Du schreitest inmitten unserer Pfeile,
aus deinen Höhen lächelst du uns zu.
Und bist du auch der jüngste von uns allen,
so bist du dennoch unser aller Vater.

Dichter, Sänger, unermeßliches Herz,
möge Gott deinen Namen segnen,
den Schoß, der dich trug,
und die Brust, die dich stillte.
Und möge Gott uns allen verzeihen.

Jesus Menschensohn

Das Reich der Ideen – Aphorismen

Bruderschaft

Ich liebe dich, mein Bruder, wer immer du auch seiest –
ob du in einer Kirche betest, in einem Tempel kniest oder
in einer Moschee Gott verehrst. Du und ich, wir sind beide Kinder eines Glaubens. Die mannigfaltigen Pfade der
Religion entsprechen den Fingern der einen liebenden
Hand des einen höchsten Wesens. Diese Hand streckt sich
nach allen aus, bietet allen die Vollendung des Geistes an
und ist begierig, alle zu umschließen.

Das Almosen

Die Münze, die du in die welke Hand legst,
In die Hand, die sich dir entgegenstreckt,
Ist das Glied einer Goldkette,
Die dein reiches Herz
An das liebende Herz Gottes bindet …

Ein Geistlicher

Mancher Geistliche errichtet seinen Tempel auf den
Gebeinen und Gräbern derer, die treu dem Glauben
ergeben sind.

Der Glaubende

Wenn du etwas begriffen hast, dann glaubst du es; der wahrhaft Glaubende aber sieht mit seinen geistigen Augen, was ein oberflächlicher Beobachter mit den Augen des Kopfes nicht sehen kann. Er begreift Dinge mit dem Denken seines Herzens, die jemand, der die Sache nur von außen mit anspruchsvollen und erlernten Gedankengängen prüft, nicht verstehen kann.

Indem er von den Sinnen tief in seinem Inneren Gebrauch macht, wird der Glaubende vertraut mit den Dingen einer heiligen Realität. Ein Glaubender betrachtet seine Sinne wie eine starke Mauer, die ihn umgibt, und wenn er auf seinem Pfad einhergeht, dann spricht er: «Diese Stadt hat keinen Ausgang, aber sie ist vollkommen innerhalb ihrer Mauern.» Der Glaubende lebt durch all die vielen Tage und Nächte, der Ungläubige aber lebt nur ein paar Stunden.

Der Glaube

Gott hat viele Türen gemacht, die sich zur Wahrheit öffnen, und er tut sie allen auf, die mit den Händen des Glaubens daran klopfen.

Gebet

Das Gebet ist das Lied der Seele. Es erreicht Gottes Ohr, selbst wenn es mit dem Schrei und dem Lärm von tausend Menschen vermengt ist.

Die Sünde

Die wahre Seele kennt keine Vollkommenheit.
Auch hinter der Sünde kann sich die Tugend verbergen.

Das Gewissen

Das Gewissen ist nur ein unvermögender Richter. Seine
Schwäche entmachtet es und es kann sein Urteil nicht
vollstrecken.

Mitgefühl

Das Mitgefühl, welches das Herz des Nächsten berührt,
ist höher zu bewerten als die Tugend, die sich ungesehen
hinter Klostermauern verbirgt. Ein Wort der Anteilnah-
me für einen schwachen Verbrecher oder eine Hure ist
edler als die langen Gebete, die Tag für Tag inhaltslos im
Tempel heruntergesagt werden.

Der Prophet

Ein Prophet ist eingehüllt in den Mantel zukünftiger
Gedanken. Er lebt unter Menschen, die in alte Tracht
gekleidet sind und die seine Gabe nicht erkennen. Er ist
ein Fremder in diesem Leben, und die Gesellschaft derer,
die Lob und Tadel spenden, steht ihm fern. Er hält das
Licht der Wahrheit hoch, während ihn die Flammen
verbrennen.

Himmel

Jede Träne, die wir im Kummer vergießen, wird von Engeln gezählt. Jedes Lied der Freude, das unsere Liebe schuf, tragen sie zu den Geistern, die im Himmel des Unendlichen verweilen.

Alle Schwingungen unserer Gefühle werden wir dort in der zukünftigen Welt gewahren, und jede Bewegung unseres Herzens wird aufgezeichnet sein. Die Botschaft des Göttlichen in uns, die wir jetzt gering achten, weil wir von der Verzweiflung gelenkt sind, werden wir dann verstehen.

Religiöse Führer

Gehörst du zu jenen religiösen Führern, die sich aus der Arglosigkeit der Gläubigen ein scharlachrotes Gewand für ihren Leib weben? Und aus ihrer Güte eine goldene Krone für ihr Haupt schmieden? Bist du einer, dessen Mund überfließt vor Haß gegen den Satan und der doch gleichzeitig in satanischer Fülle schwelgt? Dann bist du ein Häretiker, und selbst wenn du Tag und Nacht fastest und betest, wird es dir nichts nützen.

Oder bist du jener Gläubige, der in der Tugend der Menschen den Grundstock zur Verbesserung des ganzen Volkes sieht? In dessen Seele die Stufenleiter der Vollkommenheit zum Heiligen Geist hinführt? Wenn es so ist, dann bist du wie eine Lilie im Garten der Wahrheit, und es ist bedeutungslos, wenn dein Duft an den Menschen verloren geht oder sich in der Luft auflöst, denn auf ewig wird er bestehen bleiben.

Gott

Seit dem Anbeginn der Zeit hat der Mensch sein eigenes Selbst angebetet. Bis zum heutigen Tag hat er diesem Selbst entsprechende Namen gegeben. Und wenn der Mensch heute das Wort «Gott» gebraucht, so meint er damit genau dasselbe wie eh und je: sein eigenes Ich.

Die meisten religiösen Menschen sprechen von Gott, als sei Er männlichen Geschlechtes. Für mich ist Er sowohl Mutter als auch Vater. Er ist beides, Vater und Mutter in einem. Die Frau ist die Mutter-Gottheit. Die Vater-Gottheit kann man mit dem Verstand oder mit der Vorstellungsgabe erreichen. Aber die Mutter-Gottheit kann nur mit dem Herzen erreicht werden – durch Liebe. Liebe ist der heilige Wein, der aus dem Herzen der Götter strömt und den sie in die Herzen der Menschen gießen. Nur jene kosten ihn klar und göttlich, deren Herzen von aller tierischen Lust gereinigt sind. Mit Liebe trunken zu sein, bedeutet für reine Herzen mit Gott trunken zu sein. Jene hingegen, die den Wein Gottes vermischt mit dem Wein der irdischen Leidenschaften trinken, kosten nur den Geschmack der Orgien der Teufel in der Hölle.

Es wäre klüger, weniger von Gott zu sprechen, den wir nicht begreifen können, und mehr von den Menschen, die wir zu begreifen vermögen. Und doch müssen wir eingedenk sein, daß wir der Atem und der Duft Gottes sind. Wir sind Gott, in Blatt und Blüte und manchmal auch in der Frucht.

Der Weg zu Gott

Vielleicht kommen wir Ihm jedesmal ein wenig näher, wenn wir versuchen, ihn zu teilen und herausfinden, daß er unteilbar ist. Aber ich behaupte, daß die Kunst, das Ziehen einer Linie zwischen dem Schönen und Häßlichen, der direkte Weg zu Gott ist. Reine Meditation ist ein anderer Weg. Sie führt zum Schweigen und zur Selbstbeschränkung. Schweigen ist wahrhafter und ausdrucksvoller als die Rede. Die Stunde wird kommen, da wir alle schweigen werden. Warum aber sollten wir uns einen Maulkorb umlegen, bevor diese Stunde geschlagen hat? Laotse sagte: Er verfiel in Schweigen, aber erst nachdem er der Welt den Kern seines Glaubens in Worten mitgeteilt hatte.

Kinder eines Glaubens –
Von der Religion

Johannes der Narr

Im Sommer trieb Johannes jeden Morgen seine Ochsen und Kälber aufs Feld, wobei er den Pflug auf seinen Schultern trug. Er lauschte dem Zwitschern der Drosseln und dem Rascheln der Blätter an den Zweigen.

Mittags setzte er sich an einen Bach zwischen grünen Weiden und verzehrte seinen Proviant; und was von seinem Brot übrig blieb, bekamen die Vögel des Himmels. Am Abend, wenn die Sonne untergegangen war, kehrte er in sein kleines Haus zurück, das die Dörfer und Weiler des Nordlibanon überragte. Er setzte sich zu seinen alten Eltern und lauschte ihren Gesprächen, bis ihn der Schlaf übermannte.

Im Winter setzte er sich an den Ofen. Er hörte das Heulen des Windes und das Klagen der Elemente, während er sich wärmte. Seine Gedanken folgten den Jahreszeiten, und er schaute durch ein Lukenfenster auf die schneebedeckten Täler und die kahlen Bäume, die ihm wie arme Bettler erschienen, die dem strengen Wind und der schneidenden Kälte draußen umbarmherzig ausgeliefert worden waren.

An den langen Winterabenden wartete er, bis seine Eltern zu Bett gingen; dann öffnete er einen alten Holzschrank, holte das Neue Testament hervor und las darin im schwachen Licht einer Petroleumlampe. Von Zeit zu Zeit warf er einen verstohlenen Blick auf seinen schlafenden Vater, der ihm verboten hatte, dieses Buch zu lesen.

Die Priester hatten es nämlich den einfachen Menschen untersagt, sich ohne Anleitung mit der Lehre Christi vertraut zu machen, und sie hatten gedroht, diejenigen aus der Kirche auszuschließen, die es dennoch taten.

So verbrachte Johannes seine Jugend zwischen der Natur mit all ihren Wundern und dem Evangelium mit der Fülle seines Lichtes und Geistes. Er war schweigsam und machte sich über vieles Gedanken. Wenn seine Eltern sich unterhielten, beteiligte er sich nicht an ihren Gesprächen. Auch wenn er Gleichaltrige traf, blickte er schweigend zum Himmel, wo sich das Abendrot ins Blau des Luftmeeres mischte.

Immer wenn er einen Gottesdienst besucht hatte, kehrte er enttäuscht und entmutigt zurück, denn die Lehren, die er von Kanzel und Altar vernahm, klangen anders als die seines Evangeliums; und wie Geistliche und Gläubige miteinander umgingen, entsprach nicht den Empfehlungen Jesu, des Mannes aus Nazareth.

*

Der Frühling kam, und der Schnee verschwand von Feldern und Weiden; auch auf den Gipfeln der Berge begann das Eis zu schmelzen und ergoß sich in Sturzbächen hinunter ins Tal. Das Rauschen der Bäche und Flüsse verkündete allerorten das Erwachen der Natur. Mandelbäume und Apfelbäume standen in Blüte, und auf den Hügeln zeigten sich die ersten Blumen und Kräuter.

Johannes war es leid, noch länger am Ofen zu sitzen, und da er wußte, daß auch seine Tiere der Enge des Stalles überdrüssig waren und sich nach den grünenden Weiden sehnten, ließ er sie ins Freie, zumal das Heu und die

Gerste bald zur Neige gingen. Er versteckte das Neue Testament unter seinem weiten Mantel und führte seine Herde auf die Weide. Er gelangte zu einer Anhöhe, die das Tal überragte und ihm zu allen Seiten die schönsten Ausblicke bot. Nicht weit entfernt von diesem Ort lag ein Kloster wie eine riesige Festung.*

Während seine Tiere weideten, setzte sich Johannes auf einen Felsen und meditierte bald über die Schönheit des Tales und bald über die Zeilen seines Buches, die das Königreich Gottes beschrieben.

Es war der letzte Tag der Fastenzeit, und die Bewohner der umliegenden Dörfer, die während der gesamten Wochen des Fastens auf den Genuß von Fleisch verzichtet hatten, erwarteten ungeduldig das Osterfest. Doch wie alle armen Bauern kannte Johannes keinen Unterschied zwischen der Fastenzeit und den übrigen Wochen des Jahres, denn seine Mahlzeiten bestanden selten aus mehr als dem Brot, das er im Schweiße seines Angesichts verdient hatte, und aus Früchten, die er sich durch harte Arbeit erkauft hatte.

Der Verzicht auf Fleisch und köstliche Speisen war für ihn ein Dauerzustand. So bedeutete ihm die vorösterliche Zeit keine außergewöhnliche körperliche Entbehrung, sondern vielmehr war sie ihm eine Zeit der Besinnung, denn er hielt sich in diesen Wochen die Passion und den Tod des Menschensohnes vor Augen.

Scharen von Tauben flogen über Johannes dahin, die Vögel zwitscherten, und die Blumen wiegten sich im leichten Wind. Johannes las in seinem Evangelium und

---

* Es handelt sich um ein reiches Kloster im Nordlibanon, das dem heiligen Elysäus geweiht ist, und in dem zehn Mönche leben, die man die Aleppiner nennt.

sann über das Gelesene nach. Dann hob er seinen Kopf und sah die Glockentürme der umliegenden Kirchen; und als die Glocken zu läuten begannen, schloß er seine Augen, und seine Seele entschwebte ins alte Jerusalem.

Dort folgte er den Spuren Christi und befragte die Passanten auf den Straßen nach dem Menschensohn. Und man antwortete ihm: «Hier hat er den Blinden geheilt und dort den Lahmen.» «Hier flocht man ihm einen Dornenkranz und krönte ihn damit.» «Unter diesen Arkaden hielt er seine Schritte an und sprach zu der Volksmenge in Gleichnissen.» «In jenem Palast banden sie ihn an eine Marmorsäule, spuckten ihm ins Gesicht und geißelten ihn.» «Hier verzieh er der Sünderin ihre Schuld.» «Dort fiel er unter der Last des Kreuzes zu Boden.»

So vergingen Stunden, in denen Johannes mit dem Menschensohn litt und mit ihm verherrlicht wurde. Am Mittag erhob er sich, um nach seiner Herde zu sehen. Er schaute sich nach allen Seiten um, aber er konnte sie nicht entdecken. Er wunderte sich über ihr Verschwinden, da es in diesem grünen Tal ausreichend Nahrung für sie gab. Dann folgte er der kurvenreichen Straße und sah in der Ferne einen Mann in schwarzer Kleidung im Garten stehen. Beim Näherkommen stellte er fest, daß der Mann ein Mönch des nahen Klosters war. Er grüßte ehrerbietig, indem er sich vor ihm verneigte, und fragte ihn, ob er seine Ochsen und Kälber gesehen habe. Der Mönch erwiderte streng:

«Ja, ich habe sie gesehen. Komm, ich zeige sie dir!»

Johannes lief hinter dem Mönch her, bis sie das Kloster erreichten. Dort standen seine Tiere mit Stricken angebunden auf einem eingezäunten Platz, bewacht von einem Mönch, der eine Peitsche in der Hand hielt, und sobald sich eins der Tiere bewegte, ihm damit Hiebe versetzte. Als Johannes versuchte, seine Tiere loszubinden, hielt der Mönch ihn an seinem Umhang fest, blickte zu den Arkaden des Klosters auf und rief:

«Hier ist der kriminelle Hirte! Ich habe ihn festgehalten!»

Von allen Seiten eilten die Priester und Mönche herbei, an ihrer Spitze der Abt, der sich sowohl durch seine Kleidung als auch durch seine verschlossenen Gesichtszüge von den anderen unterschied. Sie umkreisten Johannes wie Krieger, bevor sie sich auf ihre Beute stürzen. Johannes sah den Abt an und fragte ihn ruhig:

«Was habe ich getan, daß man mich festhält und als Kriminellen bezeichnet?»

Der Abt entgegnete wütend: «Deine Ochsen haben unsere Pflanzen und Weingärten zerstört. Wir halten dich fest, weil der Hirte für seine Herde verantwortlich ist.» Johannes bat um Verständnis: «Es sind Tiere, die keinen Verstand haben, Vater, und ich bin arm; ich besitze nichts als die Kraft meiner Hände und diese Herde. Laßt mich mit meinen Tieren weggehen, und ich verspreche Euch, nie mehr hierher zurückzukehren.»

Der Abt näherte sich ihm, hob seine Hand zum Himmel und sagte: «Gott hat uns diesen Ort anvertraut und uns aufgetragen, die Ländereien des heiligen Elisäus zu schützen. Wir tun es Tag und Nacht mit allen unseren Kräften, denn dieses Stück Erde ist heilig; diese Erde ist wie das Feuer, das jeden verbrennt, der sich ihr nähert. Und wenn du dich weigerst, dem Kloster den erlittenen Verlust wiedergutzumachen, der durch deine Herde entstanden ist, so wird das Gras im Magen deiner Tiere zu Gift werden und sie vernichten. Doch wir werden deiner Weigerung zuvorkommen. Wir werden deine Herde so lange hier behalten, bis du den letzten Pfennig deiner Schuld beglichen haben wirst.»

Der Abt schickte sich an zu gehen; Johannes hielt ihn fest und beschwor ihn: «Ich flehe dich an, Vater, mich mit meiner Herde ziehen zu lassen! Seid nicht hartherzig an diesem Tag, an dem Christus für uns gelitten hat und seine Mutter Maria um ihn trauerte. Ich bin arm und mittellos, und das Kloster ist reich und wohlhabend. Verzeiht meine Unaufmerksamkeit und habt Mitleid mit meinem alten Vater.»

Der Abt sah ihn von oben herab an und sagte: «Egal, ob du reich oder arm bist, das Kloster kann dir keineswegs verzeihen. Außerdem führe keine heiligen Namen in deinem Munde, denn ich kenne ihre Geheimnisse besser als du! Wenn du deine Herde zurückhaben willst, mußt du sie gegen drei Dinare eintauschen für das, was sie dem Kloster an Schaden zugefügt haben.»

«Ich besitze keinen Piaster, Vater!» entgegnete Johannes. «Habt Erbarmen mit mir und meiner Armut!» Der Abt strich sich durch den Bart und erwiderte: «Geh, und verkauf einen Teil deines Feldes, und bring uns die drei Dinare. Es ist besser, ohne Feld in den Himmel zu kommen, als den Zorn des heiligen Elisäus auf sich zu lenken, und am Ende deines Lebens in die Hölle zu gelangen, wo ewiges Feuer brennt.»

Johannes schwieg eine Weile; plötzlich blitzten seine Augen, und seine unterwürfige Haltung wandelte sich in Stolz, seine flehende Stimme wurde fest, und er sagte: «Muß der Arme sein Land verkaufen, die Quelle seines Lebensunterhalts, um den Erlös den Schatztruhen des Klosters hinzuzufügen, die voll sind von Gold und Silber? Ist es gerecht, daß der Arme immer ärmer wird und der Elende vor Hunger stirbt, damit der große Elisäus meinen hungrigen Tieren ihre Übergriffe verzeiht?»

Der Abt schaute zum Himmel und sagte: «Es steht geschrieben: Dem der hat, wird gegeben, und dem der nichts hat, wird das wenige, was er besitzt, genommen werden.»

Als Johannes diese Worte hörte, wurde er zornig. Wie ein Soldat, der zur Verteidigung sein Schwert zieht, griff er nach dem Evangelium in seiner Tasche, zog es hervor und sagte: «So verfälscht ihr die Lehren dieses Buches, ihr Heuchler! Auf diese Weise bedient ihr euch des Heiligsten, um das Übel zu verbreiten! Wehe, wenn der Menschensohn zurückkehrt! Er wird eure Klöster zerstören und die Steine ins Tal werfen. Er wird eure Altäre, Bilder und Statuen verbrennen. Die Tränen seiner Mutter werden zu einem Wasserfall werden, der euch in den Abgrund zieht. Mit eurer schwarzen Kleidung verbergt ihr eure schwarzen Seelen. Mit euren Lippen betet ihr, doch eure Herzen sind hart wie Stein! Ihr kniet vor dem Altar, während eure Seele gegen Gott rebelliert! Ihr haltet mich wie einen Verbrecher fest wegen ein wenig Getreide, das die Sonne für euch und für mich gleichermaßen wachsen ließ. Als ich euch im Namen Christi um Gnade bat in diesen Tagen seiner Passion, da habt ihr euch über mich lustig gemacht. Nehmt dieses Buch und zeigt mir darin, wann Christus nicht verziehen hat, wenn man ihn darum bat! Lest diese himmlische Tragödie und zeigt mir, wo und wann Christus ohne Barmherzigkeit und Mitleid zu den Menschen sprach, etwa in der Bergpredigt oder im Tempel? Vergab er der Ehebrecherin nicht ihre Schuld? Hat er nicht auf Golgatha am Kreuz seine Arme ausgebreitet, um die Menschheit zu umarmen?

Seht euch um in den Städten und Dörfern, ihr Hartherzigen! In ihren ärmlichen Hütten leiden Kranke auf kärglichen Lagern, Unschuldige füllen die Gefängnisse, auf den Straßen schlafen Fremde und flehen Bettler um Almosen, und auf den Friedhöfen klagen die Witwen und Waisen. Ihr dagegen genießt die Früchte des Feldes und den Wein der Rebstöcke in Sorglosigkeit. Ihr besucht keinen Kranken, tröstet keinen Gefangenen und gebt keinem Hungernden zu essen, ihr nehmt keinen Fremden auf und sprecht keinem Verzagten Mut zu. Wenn ihr wenigstens zufrieden wäret mit dem, was ihr unseren Vorfahren mit List weggenommen habt! Aber ihr streckt eure Hände immer noch wie Schlangenköpfe aus, um an euch zu reißen, was die Witwe durch die Arbeit ihrer Hände erspart hat und was die Bauern sich für ihre alten Tage zurückgelegt haben.»

Johannes schwieg einen Moment, um Luft zu holen, dann hob er stolz seine Stimme: «Ihr seid zahlreich, und ich bin allein. Macht mit mir, was ihr wollt! Der Wolf greift das Lamm im Dunkel der Nacht an, doch die Blutspuren haften auf den Steinen im Tal, und wenn die Sonne aufgeht, wird das Verbrechen für alle sichtbar.»

Johannes zügelte seine Worte nicht, und in seiner Stimme schwang eine Macht, welche die Mönche sprachlos werden ließ und zugleich in ihrem Innern Unmut und Empörung erregte, und sie warteten nur auf ein Zeichen ihres Abtes, um ihn anzugreifen.

Als er seine Rede beendet hatte, entstand eine Stille wie die Stille nach einem Unwetter. Schließlich sagte der Abt zu seinen Mönchen: «Haltet den Gottlosen! Nehmt ihm

das Buch ab, und bringt ihn in die Zelle! Wer die Aus-
erwählten Gottes schmäht, dem wird nicht verziehen
werden, jetzt nicht und in Ewigkeit nicht!»

Die Mönche stürzten sich auf Johannes, fesselten ihn und
brachten ihn in einen engen, dunklen Raum, wo sie ihn
einschlossen, nachdem sie ihn mit Händen und Füßen
gepeinigt hatten.

Obwohl sie Johannes in einer dunklen Zelle eingesperrt
hatten, stand er dort in der Haltung eines Unbezwing-
baren.

Er schaute durch eine Fensterluke auf das sonnenbe-
schienene Tal. Sein Gesicht hellte sich auf; Freude erfüllte seine Seele und süßer Friede bemächtigte sich seiner
Gefühle. Nur seinen Körper konnten sie in dieser Klau-
se gefangenhalten, seine Gedanken waren frei und streif-
ten über Felder und Hügel. Die Hände der Mönche, die
ihn geschlagen hatten, konnten seinen Geist nicht erreichen, er wußte sich geborgen in der Liebe des Nazaräers.
Verfolgungen erreichten den Gerechten nicht, und die
Ungerechtigkeit berührt ihn nicht. Sokrates trank lächelnd den Giftbecher, und Paulus war heiter, als sie
ihn steinigten. Das Gewissen ist es, was uns leiden läßt,
wenn wir ihm zuwiderhandeln, und wenn wir es ver-
raten, bringt es uns um.

Die Eltern von Johannes erfuhren, was ihrem einzigen
Sohn widerfahren war. Auf ihren Stock gestützt schlepp-
te sich seine alte Mutter zum Kloster. Sie warf sich dem
Abt zu Füßen, küßte seine Hände und bat weinend um
Barmherzigkeit für ihren Sohn, dessen Schuld er verzei-
hen möge.

Der Abt erhob seine Augen zum Himmel und sagte:

«Wir wollen deinem Sohn seine Unachtsamkeit und Ver-
rücktheit verzeihen, doch das Kloster hat seine heiligen
Rechte, die wiederhergestellt werden müssen. Wir verzeihen die Vergehen der Menschen, aber der große
Elisäus wird demjenigen nicht vergeben, der seine Weingärten und Pflanzungen zerstörte.»

Die Mutter blickte ihn an, und Tränen rannen über ihr
faltiges Gesicht. Dann löste sie ihre goldene Kette vom
Hals und legte sie in die Hand des Abtes und sprach: «Ich
besitze nichts als diese Kette, Vater; meine Mutter schenkte sie mir am Tage meiner Hochzeit. Möge das Kloster
sie annehmen als Sühne für das Vergehen meines Sohnes.»

Der Abt nahm die goldene Kette an sich und steckte sie
in seine Tasche. Dann sah er die alte Frau an, die ihm
dankbar die Hände küßte, und sagte: «Wehe dieser Gene-
ration! Wahrlich das Bibelwort hat sich verkehrt: Die
Kinder essen saure Trauben, und den Eltern werden die
Zähne stumpf. Geh jetzt, gute Frau, und bete für deinen
verrückten Sohn, damit der Himmel ihn heilt und ihm
seinen Verstand zurückgibt.»

Johannes durfte sein Gefängnis verlassen. An der Seite
seiner gebeugten Mutter ging er ruhig vor seiner Herde her. Als sie ihr Haus erreicht hatten, führte er seine
Herde in den Stall. Dann setzte er sich schweigend ans
Fenster und betrachtete den Sonnenuntergang. Eine
Weile später hörte er seinen Vater seiner Mutter ins Ohr
flüstern:

«Du hast mir nie geglaubt, Sara, wenn ich dir sagte, daß
unser Sohn verrückt ist. Heute haben seine Taten meine
Worte unter Beweis gestellt; und der ehrenwerte Abt des
Klosters hat bestätigt, was ich dir immer gesagt habe.»

Johannes verharrte in der Betrachtung des Sonnenuntergangs.

Ostern kam, und auf die Abstinenz beim Essen folgte der Überfluß der Speisen. In Becharré waren die Bauarbeiten an einem neuen Gotteshaus rechtzeitig zum Fest beendet worden. Die Kirche nahm sich aus wie die Residenz eines Emirs inmitten ärmlicher Hütten. Nun erwarteten die Bewohner von Becharré die Ankunft ihres Bischofs, der die Kirche und ihren Altar weihen sollte. Sie säumten die Straßen, die zu ihr hinführten, und standen dichtgedrängt um das Gotteshaus.

Sobald der Bischof die Stadt erreichte, geleitete man ihn unter den Klängen von Tamburinen und Zimbeln und dem Geläute der Glocken in die Stadtmitte. Als er von seinem prächtigen Pferd abstieg, dessen Sattel mit bunten Farben bestickt war und dessen Zaumzeug aus Silber war, hießen ihn die Vornehmen der Stadt mit wortreichen Reden, mit Poesie und Hymnen willkommen. Im Vorraum der Kirche ließ er sich sein mit Goldfäden besticktes, bischöfliches Gewand anlegen sowie seine perlengeschmückte Mitra aufsetzen. Dann nahm er den goldenen Bischofsstab mit den kostbaren Steinen in seine Hand und zog mit den Priestern zum Altar und um diesen herum, während die Gemeinde Lieder und Hymnen sang und die Meßdiener die goldenen Weihrauchfässer schwenkten.

Johannes stand unter den Bauern am Eingang der Kirche und beobachtete dieses Schauspiel mit traurigen Augen und bitteren Seufzern. Er sah auf der einen Seite die reichbestickten Seidengewänder, die goldenen Gefäße und Weihrauchbehälter sowie die Lüstern aus reinem

Silber und auf der anderen Seite die Menge der Armen und Notleidenden, die aus den Dörfern und Weilern zusammengeströmt waren, um dieses Osterfest zu begehen und um der Einweihung ihres Gotteshauses beizuwohnen.

Hier die Majestät in Samt und Seide und dort das Elend in zerschlissener und geflickter Kleidung; hier eine Gruppe, die stark und prunkvoll zugleich die Religion repräsentiert, und in gebührendem Abstand das schwache, gedemütigte Volk, das sich über die Auferstehung Christi von den Toten freut und deren mit Seufzern vermischte Gebete aus dem Innersten ihrer gebrochenen Herzen aufsteigen. Auf der einen Seite die Kleriker und Feudalherren, die dank ihrer Autorität ein Leben führen, das den immergrünen Zypressen gleicht, und auf der anderen Seite die armen Landarbeiter, die wegen ihrer Untertänigkeit ein Leben fristen, das einem Boot gleicht, dessen Steuermann der Tod ist. Die Planken des Schiffes wurden von den Wellen zerfressen und sein Segel vom Sturm zerfetzt; bald hebt es sich, bald senkt es sich unter den Hieben des Sturmes, zwischen Tyrannei und blinder Unterwerfung treibend.

Welche von den beiden Haltungen bedingt die andere? Ist es die Tyrannei, die ein so starker Baum ist, der auf einer anderen Erde nicht wachsen kann, oder ist die Unterwerfung wie ein Feld, auf dem nur Dornen überleben?

Solche Überlegungen beschäftigten Johannes während des Gebets. Er kreuzte seine Arme über seiner Brust, als ob er diese vor dem Zersprengen schützen müßte.

Kaum war die Zeremonie der Einweihung beendet, da spürte Johannes, wie die Kraft eines unbekannten Geistes sich seiner bemächtigte und ihn gegen seinen Willen antrieb, im Namen des Volkes das Wort zu ergreifen und sich zum Fürsprecher der Unterdrückten zu machen. Bevor sich die Menschen zu zerstreuen begannen, ging er zu einer erhöhten Säulenhalle am Ende des Platzes, hob seine Augen zum Himmel und wandte sich mit lauter Stimme an die Menschenmenge:

«O Jesus von Nazareth, der du inmitten eines Lichtkreises thronest, schau durch die blaue Himmelskuppel auf diese Erde, und sieh, wie die Dornen der Wildnis die Blumen ersticken, die du im Schweiße deines Angesichts gesät hast!

Guter Hirte, sieh wie die Krallen der wilden Tiere das schwache Lamm zerreißen, das du auf deiner Schulter trugest. Sieh, dein reines Blut ist in den Schoß der Erde versickert, und deine heißen Tränen sind in den Herzen der Menschen getrocknet; deine Seufzer hat der Wüstenwind hinweggefegt. Diese Erde, die von deinen Füßen geheiligt wurde, haben deine Feinde in ein Schlachtfeld verwandelt, auf dem die Starken die Schwachen zertreten. Die Schreie der Elenden, die aus den Tiefen aufsteigen, werden nicht vernommen von den Machthabern, die auf goldenen Thronen sitzen, und die Klagen der Schwachen werden nicht gehört von denen, die von den Kanzeln deine Botschaft verkünden. Die Lämmer, die du auf diese Erde sandtest, um das Wort des Lebens zu predigen, haben sich in wilde Tiere verwandelt, welche die Schafe zerfetzen, die du auf deinen Armen trugst.

Das Wort des Lebens, das du aus dem Herzen Gottes auf die Erde brachtest, ist aus den Büchern verschwunden; es wurde ersetzt durch Lärm, der die Seelen in Schrecken versetzt.

O Jesus, sie haben diese Kirchen und Altäre zu ihrem eigenen Ruhm errichtet und sie mit Seide und Gold geschmückt, während sie die Körper der Armen, die du ausgewählt hast, nackt in den kalten Straßen liegen ließen. Sie füllten die Luft der Kirchen mit Weihrauch und Kerzenschimmer, und sie versäumten es, die Mägen deiner Gläubigen mit Brot zu füllen. Sie luden die Atmosphäre auf mit Hymnen und Gebeten, und es entgingen ihnen die Klagen der Waisen und die Seufzer der Witwen.

Komm zurück, lebendiger Jesus, und vertreibe die Händler der Religion aus deinem Tempel. Sie verwandelten ihn in eine Höhle, in der die Schlangen der Heuchelei und List herumkriechen.

Komm zurück, o Jesus, und laß diese schlechten Verwalter Rechenschaft ablegen. Mit Gewalt nahmen sie den Armen, was sie besitzen, und selbst das, was Gott gehört. Komm und sieh den Weinberg, den du mit deinen eigenen Händen gepflanzt hast: die Würmer haben ihn zerfressen, und die Trauben wurden von den Vorübergehenden zertreten.

Kehre zurück, und sieh, wem du deinen Frieden anvertraut hast: deine Friedensboten sind untereinander gespalten und bekämpfen sich gegenseitig; und die Opfer ihrer Kriege sind unsere betrübten Seelen.

Bei ihren Festen und Zeremonien erheben sie ihre Stimmen und singen: Ehre sei Gott in der Höhe und auf Erden Friede und den Menschen Freude. Wird dein himmlischer Name wirklich verherrlicht, wenn sein Name von sündigen Lippen und falschen Zungen gepriesen wird? Wird es auf Erden Frieden geben, solange die Armen auf den Feldern ihre Kräfte erschöpfen, um die Starken und Unterdrücker zu nähren? Und wird es auf Erden Freude geben, solange die Unglücklichen und Unterdrückten mit gebrochenen Blicken auf den Tod schauen, der sie retten wird?

Und was ist der Friede, süßer Jesus? Ist er in den Augen der traurigen Kinder an den Brüsten ihrer Mütter zu finden, die hungrig sind und die frieren in ihren kalten Hütten? Ist er bei den Bedürftigen, die auf Betten aus Stein schlafen und sich nach den Speisen sehnen, mit denen die Mönche in ihren Klöstern ihre fetten Schweine mästen?

Und was ist die Freude, o schöner Jesus? Zeigt sie sich, wenn der Emir die Kraft der Männer und die Ehre der Frauen mit ein paar Silberlingen erkauft, während wir schweigen? Kann sie sich verwirklichen, solange wir uns denen mit Leib und Seele unterwerfen, die unsere Augen blenden durch den Glanz ihres Goldes sowie ihrer kostbaren Gewänder? Und wenn wir uns ungerecht behandelt fühlen und nach Gerechtigkeit rufen, so schicken sie uns ihre Soldaten, die mit Schwertern bewaffnet sind, und die Hufe ihrer Pferde zertrampeln unsere Frauen und Kinder, und die Erde wird trunken von unserem Blut.

Strecke deine Hand aus, starker Jesus! Befreie uns vom Arm der Unterdrücker, der schwer auf uns lastet. Oder sende uns den Tod, der uns zu unseren Gräbern führt, wo wir in Frieden ruhen werden, im Schutze deines Kreuzes. Und dort werden wir deine Wiederkehr erwarten, denn dieses Leben ist kein Leben für uns; es ist eine Finsternis, in der sich die bösen Geister tummeln, und eine Schlucht, in der gefährliche Schlangen kriechen. Unsere Tage gleichen scharfen Schwertern, welche die Nächte unter unseren Bettdecken nur notdürftig verstecken, während sie am Morgen hervorgeholt werden und über unseren Häuptern schwingen, wenn uns die Sorge um unser karges Leben auf die Felder treibt.

O Jesus, erbarme dich dieser Menschenmengen, die sich heute hier versammelt haben, um deine Auferstehung von den Toten zu feiern. Erbarme dich ihrer Schwäche und ihrer Schmach!»

Während Johannes mit dem Himmel Zwiesprache hielt, waren die Menschen um ihn herum in zwei Lager gespalten: Die einen stimmten dem zu, was er kundtat, die anderen waren nicht einverstanden und widersprachen. Einer der Zuhörer rief:

«Er sagt nichts als die Wahrheit, und er spricht in unser aller Namen, denn wir werden in Wahrheit ungerecht behandelt.»

Ein anderer entgegnete: «Er ist von einem bösen Geist besessen, der aus ihm spricht.»

Wieder ein anderer murrte: «Noch nie haben wir von unseren Vätern und Vorvätern eine so törichte Rede gehört; wir wollen sie auch jetzt nicht hören.»

Ein Herumstehender flüsterte seinem Nachbarn ins Ohr: «Seine Worte wecken einen neuen Geist in mir, denn eine unbekannte Macht spricht aus ihm.»

«Ja», antwortete dieser, «aber unsere Priester wissen am besten, was dem Volk guttut. Es wäre falsch, ihre Worte in Zweifel zu ziehen.»

Während sich die Stimmen von allen Seiten erhoben, und das Stimmengewirr dem Rauschen des Meeres glich, trat einer der Priester auf Johannes zu, nahm ihn fest und übergab ihn der Polizei, damit ihn diese zum Verhör in den Gouverneurspalast überstellte.

Johannes antwortete mit keinem Wort, als man ihn nach

seinem Tun befragte; er dachte daran, wie auch Jesus vor seinen Verfolgern geschwiegen hatte. Man steckte ihn in eine finstere Gefängniszelle, in der er die Nacht, mit sich in Frieden seiend, verbrachte, und mit seinem Kopf an die Wand seines Kerkers gelehnt, ruhig einschlief.

Am folgenden Morgen trat Johannes' Vater in aller Frühe vor den Gouverneur, um Zeugnis abzulegen, daß sein Sohn geistesgestört sei. Er sagte: «Ich hörte ihn oft in der Einsamkeit mit sich selbst reden, mein Herr. Dann spricht er von seltsamen Dingen, die keinen Bezug zur Wirklichkeit haben. Viele Nächte verbringt er, indem er mit den Schatten der Finsternis Zwiesprache hält, dabei spricht er mit einer furchterregenden Stimme, die der von Geistesbeschwörern gleicht. Fragt die jungen Leute in unserer Nachbarschaft, mein Herr, sie werden seine Neigung zur überirdischen Welt und zu okkulten Dingen bestätigen. Wenn sie ihn ansprechen, antwortet er nie oder mit Worten, die ihnen unverständlich sind und die in keiner Beziehung zu ihren Fragen stehen. Frag seine Mutter! Sie kennt ihn besser als jede andere. Auch sie weiß, daß sein Geist eine andere Welt behaust, die weit entfernt von allen uns sinnlich wahrnehmbaren Dingen liegt. Oft sah sie, wie er den Horizont mit verzückten Blicken anstarrte und wie ein Kind zu Bäumen, Flüssen, Blumen und Sternen sprach. Erkundigt euch bei den Mönchen des Klosters, mit denen er kürzlich einen Streit vom Zaun brach, weil er sich belustigte über ihre Askese und Frömmigkeit.

Er ist von Sinnen, mein Herr, aber er ist sehr besorgt um seine Mutter und mich, und er sorgt für unseren Lebensunterhalt; er arbeitet im Schweiße seines Angesichts, um uns in unserem Alter zu ernähren und zu wärmen. Habt

Erbarmen mit ihm und mit uns! Verzeiht ihm seine Gei-
stesgestörtheit in Anbetracht der ihm eigenen Liebe zu
seinen Eltern.»
Johannes wurde freigelassen, und die Nachricht, daß er
verrückt sei, verbreitete sich im ganzen Dorf. Die Jüng-
linge verspotteten ihn, und die jungen Mädchen sagten
mit Bedauern: «Wie merkwürdig ist das Schicksal! Der
Himmel hat in diesem Jüngling die Schönheit seines
Gesichts und die Gestörtheit seiner Sinne vereint, ebenso wie er den Glanz seiner Augen mit der Finsternis einer
kranken Seele zusammenführte.»

Inmitten der mit Gras und Blumen übersäten Gärten und
Hügel sitzt Johannes bei seiner Herde und beobachtet
die Tiere, die unbehelligt von den Sorgen der Menschen
friedlich weiden.
Mit tränenfeuchten Augen schaut er zu den Dörfern und
Weilern an den Abhängen des Gebirges und sagt seuf-
zend: «Ihr seid zahlreich, und ich bin allein. Sagt über
mich, was ihr wollt, und macht mit mir, was euch beliebt.
Die Wölfe überfallen das Lamm im Dunkel der Nacht,
doch die Blutspuren haften auf den Steinen im Tal, und
das Verbrechen wird für alle sichtbar, wenn die Sonne
aufgeht.»

Johannes der Narr

Die Seufzer der Flöte

Die Religion ist für den Menschen ein Feld,
das nur bepflanzt, wer ein Anliegen hat;
sei es der Prediger, der ewige Glückseligkeit erhofft,
oder der Unwissende, der das Höllenfeuer fürchtet.
Gäbe es nicht die Strafen des Letzten Gerichts,
würde niemand einen Herrn anbeten;
und ohne die erhoffte Belohnung
wären die Menschen ungläubig.
Für sie ist Religion eine Art Handel:
widmen sie sich ihr mit Fleiß,
so wollen sie profitieren;
wenden sie sich von ihr aber ab,
so befürchten sie Verluste.

Im Wald gibt es weder Religion
noch Gotteslästerung:
singt die Nachtigall, so sagt sie nicht:
«Das allein ist wahr!»
Die Religion der Menschen
kommt und geht wie ein Schatten.
Nach Taha* und dem Messias
gibt es keine Religion mehr.

Gib mir die Flöte und singe!
Der Gesang ist das innigste Gebet;
und die Seufzer der Flöte überdauern
das Leben.

Die Musik und der Reigen

* Name Gottes im Koran

Vom Beten

Dann sagte eine Priesterin: Sprich uns vom Beten.

Und er antwortete und sagte:

Ihr betet in eurer Not und Pein; würdet ihr doch auch in der Fülle eurer Freude und in den Tagen des Überflusses beten.

Denn was ist das Gebet anderes als die Entfaltung eurer selbst in den lebendigen Äther hinein?

Und wenn es zu eurem Trost ist, das Finstere in euch in den Raum zu ergießen, ist es auch zu eurer Freude, die Morgenröte eures Herzens darin zu verströmen.

Und wenn ihr nichts anderes könnt als weinen, wenn eure Seele euch zum Beten aufruft, sollte sie euch trotz des Weinens immer und immer wieder dazu anspornen, bis ihr lacht.

Wenn ihr betet, erhebt ihr euch und trefft in den Lüften jene, die zur selben Stunde beten und denen ihr nur im Gebet begegnen könnt.

Daher soll euer Besuch in diesem unsichtbaren Tempel nur der Verzückung und süßen Kommunion dienen.

Denn wenn ihr den Tempel aus keinem anderen Grund betreten solltet als zu bitten, werdet ihr nicht empfangen:

Und wenn ihr ihn betreten solltet, um euch zu er niedrigen, werdet ihr nicht erhöht:

Oder sogar wenn ihr ihn betreten solltet, um zum Wohl anderer zu bitten, werdet ihr nicht erhört.

Es ist genug an sich, *daß* ihr den unsichtbaren Tempel betretet.

Ich kann euch nicht lehren, wie man in Worten betet. Gott hört nicht auf eure Worte, außer wenn Er selber sie durch eure Lippen ausspricht.

Und ich kann euch nicht das Gebet der Meere und der Wälder und der Berge lehren.

Aber ihr, die ihr aus den Bergen und den Wäldern und den Meeren geboren seid, könnt ihr Gebet in eurem Herzen finden.

Und wenn ihr nur in der Stille der Nacht hinhört, werdet ihr sie schweigend sagen hören:

«Unser Gott, der du bist unser geflügeltes Ich, es ist dein Wille in uns, der will.

Es ist dein Wunsch in uns, der wünscht.

Es ist dein Drängen in uns, das unsere Nächte, die dein sind, in Tage verwandelt, die auch dein sind.

Wir können dich um nichts bitten, denn du kennst unsere Bedürfnisse, ehe sie in uns geboren werden;

dich brauchen wir; und indem du uns mehr von dir gibst, gibst du uns alles.»

Der Prophet

Von der Religion

Und ein alter Priester sagte:

Sprich uns von der Religion.

Und er antwortete:

Habe ich heute von etwas anderem gesprochen?

Ist nicht jede Tat und jede Betrachtung Religion?

Und ist sie nicht gleichzeitig weder Tat noch Nachdenken, sondern ein Wunder und eine Überraschung, die ewig der Seele entspringen, selbst während die Hände den Stein behauen oder den Webstuhl bedienen?

Wer kann seinen Glauben von seinen Taten trennen oder seinen Glauben von seinen Tätigkeiten?

Wer kann seine Stunden vor sich selber ausbreiten und sagen:

«Dies für Gott und dies für mich; dies für meine Seele und dies für meinen Körper?»

All eure Stunden sind Flügel, die von Ich zu Ich durch den Raum gleiten.

Wer seine Sittlichkeit bloß als sein bestes Gewand trägt, wäre besser nackt.

Der Wind und die Sonne werden keine Löcher in seine Haut reißen.

Und wer seinen Lebenswandel durch die Sittenlehre begrenzt, sperrt seinen Singvogel in einen Käfig.

Das freieste Lied dringt nicht durch Gitter und Draht.

Und wem die Andacht ein Fenster ist, das man öffnet und schließt, der hat noch nicht das Haus seiner Seele besucht, dessen Fenster von Morgenröte zu Morgenröte reichen.

Euer tägliches Leben ist euer Tempel und eure Religion.

Wann immer ihr ihn betretet, nehmt alles mit, was ihr habt.

Nehmt den Pflug und den Amboß und den Hammer und die Laute,
Die Dinge, die ihr aus Notwendigkeit oder zur Freude geschaffen habt.
Denn in euren Tagträumen könnt ihr euch nicht über eure Leistungen erheben und auch nicht tiefer fallen als eure Mißerfolge.

Und nehmt mit euch alle Menschen:
Denn in der Anbetung könnt ihr nicht höher fliegen als *ihre* Hoffnungen und euch nicht tiefer erniedrigen als *ihre* Hoffnungslosigkeit.
Und wenn ihr Gott erkennen wollt, bildet euch deshalb nicht ein, die Rätsel lösen zu können.
Schaut lieber um euch, und ihr werdet sehen, wie Er mit euren Kindern spielt.
Und schaut in den Raum; ihr werdet sehen, wie Er in der Wolke geht und Seine Arme im Blitz ausstreckt und im Regen herabsteigt.
Ihr werdet sehen, wie Er in den Blumen lächelt, aufsteigt und aus den Bäumen winkt.

Der Prophet

Der Dichter von Baalbek

In der Stadt Baalbek im Jahre 112 vor Christi Geburt.
Der Emir saß auf seinem goldenen Thron, umgeben von
brennenden Fackeln und duftenden Weihrauchschalen.
Die Priester und die Stammesführer saßen zu seiner
Rechten und zu seiner Linken. Soldaten und Diener standen vor ihm wie Idole vor der Sonne.
Nachdem die Sänger ihre Hymnen gesungen hatten, trat
der Großwesir vor den Emir und sagte mit altersschwa-
cher Stimme. «Erhabener Emir, gestern kam ein Weiser
aus Indien in diese Stadt. Sein Verhalten ist seltsam und
sein Charakter merkwürdig. Er spricht von Dingen, von
denen wir bisher nie gehört haben. Er predigt den Menschen von der Wiedergeburt der Seele in verschiedenen
Körpern, bis sie zur Vollkommenheit gelangt ist und selber göttlich wurde. Er bat mich um eine Audienz bei dir,
um dir seine Lehre der Seelenwanderung vorzustellen.»
Der Emir nickte lächelnd und sagte: «Aus Indien kommen viele Merkwürdigkeiten und Wunder. Laßt ihn ein-
treten, damit wir seine Argumente hören!»
Kurz darauf trat ein dunkelhäutiger, ehrwürdiger Mann
ein mit offenem Gesicht und großen Augen, die ohne
Worte von tiefen Geheimnissen und geheimem Wissen
sprachen. Nachdem er sich vor dem Emir verneigt und
um das Wort gebeten hatte, erhob er seinen Kopf, und
seine Augen leuchteten. Dann begann er von seiner Lehre zu sprechen. Er zeigte, wie sich der Geist von einem
Tempel zum anderen fortbewegt, um auf diese Weise
geläutert zu werden, geprägt von verschiedenen Einflüs-
sen und Erfahrungen, gestärkt durch Ehrenbezeigungen
und vertieft und erhoben durch die Liebe, die ihn glück-

lich und unglücklich zugleich macht. Dann kam er darauf zu sprechen, wie sich die Seelen von einem Ort zum anderen bewegen auf dem Weg zur Vollkommenheit, indem sie für die Fehler und Vergehen sühnen, die sie in ihrem vergangenen Leben begingen. So ernten sie in einem Land, was sie in einem anderen Land säten.

Als sich seine Rede hinzog und sich Zeichen der Ungeduld auf dem Gesicht des Emirs zeigten, näherte sich der Großwesir dem Weisen und flüsterte ihm zu: «Das genügt für heute! Heb den Rest für eine andere Gelegenheit auf!»

Der Weise setzte sich zu den Priestern, und er schloß seine Augen, als sei er müde, die verborgenen Dinge und Geheimnisse zu betrachten. Es herrschte eine Stille im Raum, als ob einem Propheten ein Traumgesicht offenbart würde. Da schaute der Emir nach rechts und links und fragte: «Wo ist unser Dichter? Wir haben ihn schon länger nicht mehr gesehen? Was ist mit ihm geschehen? Er nahm doch sonst jeden Abend an unseren Zusammenkünften teil?»

Einer der Priester sagte: «Ich sah ihn vor einer Woche in der Vorhalle des Astarte-Tempels sitzen. Er starrte mit traurigen Blicken in die ferne Abenddämmerung, als hätte er eins seiner Gedichte in den Wolken verloren.»

Ein Stammeschef berichtete: «Gestern sah ich ihn zwischen Zypressen und Weiden stehen. Ich grüßte ihn. Doch er erwiderte meinen Gruß nicht, sondern verharrte versunken im Meer seiner Gedanken und Träume.»

Der Chef der Eunuchen sprach: «Heute sah ich ihn im Schloßgarten. Ich näherte mich ihm und stellte fest, daß sein Gesicht gelb war. Er hatte Tränen in den Augen und seufzte.»

Mit einem Ton des Bedauerns in seiner Stimme befahl der Emir: «Geht und sucht nach ihm, und bringt ihn unverzüglich hierher. Diese Berichte über ihn erfüllen uns mit Sorge um ihn!»

Die Diener und Soldaten verließen den Palast auf der Suche nach dem Dichter, während der Emir und sein Gefolge schweigend warteten.

Eine Weile später kam der Chef der Eunuchen zurück und warf sich vor die Füße des Emirs wie ein Vogel, den ein Pfeil des Jägers getroffen hat.

«Welche Nachricht bringt Ihr? Was ist geschehen?» rief der Emir. Der Eunuch erhob seinen Kopf und sagte zitternd: «Wir fanden den Dichter – tot – im Schloßgarten!»

Das Gesicht des Emirs spiegelte seine Trauer wider. Er erhob sich und begab sich eilends in den Garten. Die Fackelträger gingen ihm voraus, und die Würdenträger und Priester folgten. Als sie den äußeren Rand des Schloßgartens erreichten, wo die Granatapfel- und Mandelbäume standen, entdeckten sie im gelben Licht der Fackeln den toten Dichter, der wie ein welker Rosenzweig auf dem Rasen lag.

Einer aus dem Gefolge des Emirs sagte: «Seht, wie er seine Laute umfängt, als sei sie seine Geliebte. Es sieht aus, als hätten sich beide gelobt, gemeinsam zu sterben.»

Ein anderer bemerkte: «Er schaut immer noch – wie er es früher zu tun pflegte – in die Tiefen des Kosmos, als sähe er zwischen den Sternen die Gestalt eines unbekannten Gottes.»

Der Oberpriester sah den Emir an und sagte: «Morgen werden wir ihn im Schatten des Tempels der Astarte begraben. Die Bewohner der Stadt werden seinem Sarg folgen; die jungen Männer werden seine Lieder singen, und die Jungfrauen werden Blumen auf sein Grab streuen. Er war ein großer Dichter, und die Totenfeier für ihn soll großartig sein!»

Der Emir nickte zustimmend, ohne seine Blicke vom Gesicht des Dichters abzuwenden, das vom Schleier des Todes verhüllt war. Nach einer Weile sagte er ruhig: «Nein, nein, wir vernachlässigten ihn, als er lebend unter uns weilte und das ganze Land mit den Schöpfungen seines Geistes und dem Wohlgeruch seiner Seele füllte. Wenn wir ihn nun als Toten mehr feiern und ehren, werden sich die Götter über uns mokieren und die Nymphen der Täler werden über uns lachen. Beerdigt ihn sogleich hier, wo er seine Seele aushauchte, und laßt seine Laute in seinem Arm! Wenn einer von euch ihn ehren will, so gehe er zu seinem Haus und erzähle seinen Söhnen von diesem Dichter. Und er verschweige nicht, daß der Emir seinen Dichter vernachlässigte, so daß dieser einsam und traurig gestorben sei.»

Dann sah er sich um und fragte: «Wo ist der indische Philosoph?»

Der Inder trat vor und sagte: «Hier bin ich, großer Emir!»

«Sprich, sprich, Weiser!» sagte der Emir, «werden mich die Götter als Emir in diese Welt zurückkehren lassen und diesen Dichter als Dichter? Wird meine Seele im Sohn eines großen Königs wiedergeboren werden und seine Seele in einem großen Dichter? Werden ihn die heiligen Gesetze noch einmal vor das Angesicht der Ewigkeit stellen, damit er Hymnen über das Leben dichte, und werde ich in dieses Leben zurückkehren, damit ich ihn dafür belohnen und seine Seele mit Gaben und Geschenken erfreuen kann?»

Der Weise antwortete: «Alles, was die Seelen ersehnen,

werden sie erhalten! Das Gesetz, das die Seligkeit des Frühlings nach einem harten Winter zurückkehren läßt, wird dich als großen Emir und ihn als großen Dichter wiederkehren lassen.»

Die Züge des Emirs entspannten sich. Dann ging er in sein Schloß zurück, indem er über die Worte des Weisen nachdachte: «Alles, was die Seelen ersehnen, werden sie erreichen.»

Ägypten – Kairo im Jahre 1912 nach Christi Geburt.

Der Mond ging auf und breitete seinen silberfarbenen Mantel über die Stadt aus. Der Emir des Landes saß auf der Terrasse seines Schlosses, schaute in den klaren Nachthimmel und dachte an die Ereignisse vergangener Epochen, die sich an den Ufern des Nil abgespielt hatten. Er versuchte, die Taten der Könige und Eroberer zu ergründen, die vor der majestätischen Sphinx gestanden hatten und sich den Reigen der Völker und Nationen zu vergegenwärtigen, der hier vorbeigezogen war – seit der Errichtung der Pyramiden bis zum Bau des Schlosses Abidin.

Und als der Kreis seiner Gedanken sich weitete und ausbreitete und bis in die Zonen der Träume vorstieß, wandte er sich an seinen Vertrauten, der neben ihm saß, und sagte: «Heute habe ich den Wunsch, Poesie zu hören. Sing mir etwas vor!»

Der Vertraute verneigte sich und begann, eine Ode der Jahiliyya* zu singen. Doch der Emir unterbrach ihn und sagte: «Sing etwas Neueres!»

Der Vertraute verneigte sich wieder und sang das Lied

* Vorislamische Zeit

eines erhabenen Dichters aus der Zeit der Entstehung des Islam.

Der Emir unterbrach ihn wieder und forderte: «Noch neuer!»

Zum dritten Mal verneigte sich der Vertraute und trug ein Lied aus der Omayyadenzeit in Andalusien vor. Der Emir befahl: «Sing uns ein Lied eines zeitgenössischen Dichters!»

Der Vertraute legte die Hand an seine Stirn und versuchte, sich an alles zu erinnern, was zeitgenössische Dichter geschrieben hatten. Plötzlich leuchteten seine Augen, und er begann, herrliche Verse in einer schönen Melodie zu singen.

Der Emir war beeindruckt. Es kam ihm vor, als ob unsichtbare Hände ihn an einen weit entfernten Ort trügen …

«Von wem sind diese Verse?» fragte er den Vertrauten.

«Es sind Verse des Dichters von Baalbek», entgegnete dieser.

«Der Dichter von Baalbek», diese Worte hatten einen vertrauten Klang in den Ohren des Emirs, und in seiner Seele erwachten Erinnerungen längst vergangener Zeiten. Durch einen Nebelschleier sah er vor seinen Augen das Bild eines toten Jünglings, der seine Laute umarmte, während um ihn herum die Priester und Mächtigen des Landes standen.

Dann löste sich diese Vision auf wie Träume bei Anbruch des Tages. Der Emir kreuzte die Arme über seiner Brust und wiederholte die Verse des arabischen Propheten:

«Ihr wart tot, und Er hat euch auferweckt.

Er wird euch erneut sterben lassen und wieder auferwecken.

Dann werdet ihr zu Ihm zurückkehren...»

Der Emir sagte zu seinem Vertrauten: «Wir schätzen uns glücklich über die Anwesenheit des Dichters von Baalbek in unserem Land. Wir werden ihn kommen lassen, um ihn gebührend zu ehren!»

Nach einer Weile fuhr er flüsternd fort: «Der Dichter ist ein Vogel mit merkwürdigen Eigenschaften. Er steigt aus den höchsten Höhen hinab und kommt singend in unsere Welt. Und wenn wir ihn nicht gebührend ehren, breitet er seine Flügel aus und fliegt in seine Heimat zurück.»

Die Nacht ging zu Ende. Der Himmel entledigte sich seines sternenbesetzten Gewandes und tauschte es aus gegen ein Gewand, das aus den Sonnenstrahlen des heraufziehenden Morgens gewebt war. Die Seele des Emirs betrachtete die Wunder des Lebens und seine verborgenen Geheimnisse.

Die Stürme

Aus der Tiefe meines Herzens

Aus der Tiefe meines Herzens erhob sich ein Vogel und flog himmelwärts.

Höher und höher schwang er sich empor und wurde dabei zusehends größer.

Zuerst war er so groß wie eine Schwalbe, dann wie eine Lerche, später hatte er die Größe eines Adlers, dann die einer Frühlingswolke, und schließlich füllte er den gesamten gestirnten Himmel.

Aus der Tiefe meines Herzens flog ein Vogel himmelwärts; je höher er flog, um so größer wurde er.

Doch er verließ mein Herz nicht.

O mein Glaube, mein ungebändigtes Wissen, wie kann ich mich zu deinen Höhen emporschwingen und mit dir des Menschen größeres Ich entdecken, das in den Himmel geschrieben ist?

Wie kann ich das Meer in mir in Nebel vewandeln, um auf diese Weise mit dir aufzusteigen – in unbegrenzte Räume?

Wie kann jemand, der im Tempel eingeschlossen ist, seine goldenen Türme und Kuppeln sehen?

Wie kann der Kern einer Frucht die ganze Frucht umschließen?

O mein Glaube, ich bin angekettet hinter diesen Stäben aus Silber und Ebenholz, und ich kann nicht mit dir fliegen.

Aber es ist mein Herz, aus dem du kommst und zum Himmel emporsteigst, es ist mein Herz, das dich hält.

Und das soll mir genügen.

Der Vorbote

Nachwort

«Einmal, alle hundert Jahre, trifft Jesus von Nazareth den Jesus der Christen in einem Garten zwischen den Hügeln des Libanon. Und sie sprechen lange, und jedesmal geht Jesus von Nazareth fort, indem er zum Jesus der Christen sagt: ‹Mein Freund, ich fürchte, wir werden niemals, niemals übereinstimmen.›» *(Sand und Schaum)* Dieser Widerspruch zwischen dem eigentlichen Jesus der Bibel und dem uneigentlichen Jesus *der* Christen ist es, der Khalil Gibran zeit seines Lebens beschäftigt – so wie der Widerspruch zwischen dem geglaubten und dem gelebten Gott der Menschen und der Widerspruch zwischen der Lehre und der Praxis der Kirche. Und je länger je mehr dringt er für sich zu einer Lösung dieses Widerspruchs vor, die ihn hinführt zu einem Pantheismus und Universalismus.

Und weil dieses Nachdenken über Gott – Mensch – Welt von Khalil Gibran so anschaulich mit Worten gefaßt wird, ist es sicherlich der mystisch-religiöse Aspekt in seinem Werk, der ihn berühmt gemacht hat: Insbesondere *Der Prophet* sicherte ihm weltweit und in vielen Sprachen Auflagen in Millionenhöhe. *Der Prophet*, auf dem Höhepunkt seines Schaffens 1923 entstanden, ist zugleich Gibrans Vermächtnis. An ihm arbeitete er über viele Jahre hin, und mit ihm traf er schließlich genau in das Herz seiner ständig wachsenden Leserschaft. Philosophie und Mystik miteinander verbindend, inspiriert von der Lehre der Bergpredigt und beeinflußt von der Reinkarnationslehre ist *Der Prophet* ein Werk, in dem Gibran von all dem erzählen kann, was ihm wichtig ist und wovon seine Leserschaft lesen möchte: von der Liebe und von der Ehe, von den Kindern und von der Freundschaft, von der Religion und vom Tod zum Beispiel.

Die Botschaft des *Propheten* ist eine Kritik an der westlichen Zivilisation, an ihrem Machtstreben, an ihrem Egoismus und Materialismus; aber die Botschaft hält für ihre Leser auch einen Gegenentwurf bereit – mit den Tugenden, die Mensch und Welt zusammenhalten könnten: Liebe und Mitleid, Altruismus und Spiritualismus. Der Ruf zur Umkehr, nach der Rückkehr zum Eigentlichen und nach einer Besinnung auf das Wesentliche ist unüberhörbar. Den Sinn des Lebens findet, wer auf dem Weg zu Gott ist; auf dem Weg zu Gott ist, wer Augen für die Natur und den Mitmenschen hat, wer zu Meditation und Kontemplation die Ruhe findet und sich damit letztendlich zu sich selbst führen kann.

Seine Texte lassen Gibrans Glauben an einen Gott, der die Welt zum Guten trägt und den Menschen mit Liebe lenkt, deutlich hervorscheinen. Sie erzählen von der Suche nach dem Halt in Gott, nicht dem Gott des Christentums, nicht dem des Islams – sondern in dem einen, alle Menschen und ihre Religionen in dem einen Ziel vereinenden Gott: dem Alles umfassenden friedvollen Miteinander. «Ich liebe dich mein Bruder, wer immer du auch seiest – ob du in einer Kirche betest, in einem Tempel kniest oder in einer Moschee Gott verehrst. Du und ich, wir sind beide Kinder eines Glaubens. Die mannigfaltigen Pfade der Religion entsprechen den Fingern der einen liebenden Hand des einen höchsten Wesens. Diese Hand streckt sich nach allen aus, bietet allen die Vollendung des Geistes an und ist begierig, alle zu umschließen.» *(Das Reich der Ideen)* Diese noch dem Konkreten verbundenen Vorstellungen wollen sich weiten hin zum Abstrakten – zu einem Pantheismus und der Idee von der Existenz eines universellen Geistes: «Mein Gott, mein Ziel und meine Erfüllung. Ich bin dein Gestern, und du bist mein Morgen. Ich bin deine Wurzel in der Erde, du bist meine Blüte am Firmament, und gemeinsam wachsen wir vor dem Antlitz der Sonne.» *(Gott)* Für Gibran ist wohl klar, daß das Ich – nachdem es den Weg zu Gott zurückgelegt hat – mit ihm eins, selbst Gott wird.

Diesem Gott und dem Weg zu ihm zuwiderhandeln die religiösen Würdenträger, denn ihre «Friedensboten sind untereinander gespalten und bekämpfen sich gegenseitig; und die Opfer ihrer Kriege sind unsere betrübten Seelen.» Den Klerikern wirft Gibran vor: «Ihr besucht keinen Kranken, tröstet keinen Gefangenen und gebt keinem Hungernden zu essen, ihr nehmt keinen Fremden auf und sprecht keinem Verzagten Mut zu.» Das Evangelium muß die Richtschnur sein, die Orientierung gibt, so wie es Jesus verkündet hat.

Jesus ist in den Augen Gibrans «kein Vogel mit gebrochenen Schwingen». Er ist *Jesus Menschensohn* – und er kam, um den Frieden zu bringen. Aber: «Das Wort des Lebens, das du aus dem Herzen Gottes auf die Erde brachtest, ist aus den Büchern verschwunden; es wurde ersetzt durch Lärm, der die Seelen in Schrecken versetzt.»

Die profunde Bibelkenntnis, die sich aus diesen Zitaten der Erzählung *Johannes der Narr* lesen läßt, dankte Khalil Gibran seiner religiösen Erziehung – einer Erziehung im Sinne des maronitischen Glaubens, seines Ritus und seiner Liturgie, einer Erziehung, die tiefe Wurzeln im Denken und Fühlen Gibrans fassen konnte.

Die Maroniten sind katholische Christen, die ihren Namen herleiten von dem Abt Maron (gestorben Anfang des 5. Jahrhunderts). Seine Anhänger wollten asketisch leben und das Leben im Kloster und den Dienst an der Gemeinde miteinander vereinbaren. Die maronitischen Mönche schafften es, die Christen in den Bergen des Libanon zu einer Maronitischen Kirche zusammenzuführen. Hier lebten die Maroniten jahrhundertelang in asketischer Strenge ein karges Leben. Die geistliche und weltliche Rechtsprechung ging mit der Zeit auf einen Patriarchen über, der allein dem Papst gegenüber sich zu verantworten hatte. Heute leben noch über eine Million Maroniten im Libanon (in Nordamerika zählen die Maroniten 3 Millionen und in Brasilien – der größten maronitischen Gemeinschaft – über 4 Millionen Getaufte).

Im Dorf seiner Kindertage – sein Opa mütterlicherseits war ein maronitischer Priester – erlebte es Gibran nicht anders, als daß die Gemeinde morgens und abends an der heiligen Messe teilnahm. Das Osterfest ist in der maronitischen Kirche das «Große Fest» *(Am Vorabend des Festes)*: Mit dem Frühling feierten die Gläubigen die Auferstehung Jesu – mit den Blumen des Frühlings wurde sein Kreuz geschmückt *(Der Gekreuzigte)*.

Später – als Autor und Maler in Amerika – führte Gibran ein nicht allein von der Geldnot erzwungenes karges Leben, dem er glaubte erfolgreich den Durchbruch für sein Werk abringen zu können. Die Wurzeln seiner religiösen Erziehung finden sich ebenso in seiner Sprache voller Bilder, die der Sprache der Psalmen und des Hohen Liedes verbunden ist, wieder; und sie finden sich in seiner Forderung nach einem dem Evangelium gemäßen Leben, die er in der Erzählung *Johannes der Narr* so einprägsam veranschaulichte: «Immer wenn er einen Gottesdienst besucht hatte, kehrte er enttäuscht und entmutigt zurück, denn die Lehren, die er von Kanzel und Altar vernahm, klangen anders als die seines Evangeliums; und wie Geistliche und Gläubige miteinander umgingen, entsprach nicht den Empfehlungen Jesu, des Mannes aus Nazareth.»

Wegen seiner Kritik an dem Auftreten ihrer Würdenträger dachte die maronitische Kirche über eine Exkommunikation Gibrans nach. Sicherlich war es auch diese Uneinsichtigkeit der Kirche, die Gibran über die von ihr gesetzten Grenzen hinaus denken ließ und die ihn seinen *Propheten* beispielsweise über die Wiedergeburt sagen läßt: «Vergeßt nicht, daß ich zu euch zurückkommen werde. Eine kleine Weile noch, und meine Sehnsucht wird Staub und Schaum für einen anderen Körper sammeln. Eine kleine Weile noch, ein Augenblick des Ruhens auf dem Wind, und eine andere Frau wird mich gebären.»

Dennoch hegte Gibran zeit seines Lebens eine besondere Vorliebe für das Kloster Mar Sarkis, das – auf einem Hügel nahe von seinem Heimatort Becharré gelegen – immer wieder neu ihn zu inspirieren vermochte: Als die Karmeliter es 1911 aufgaben, war Gibran bemüht, es zu erwerben, konnte jedoch den Kaufpreis nicht aufbringen. Nach seinem Tod kaufte es ein naher Verwandter. Nun liegt dort Gibran begraben und das Kloster ist zu einer Heimstatt für ein Gibran-Museum geworden.

Volker Fabricius

Kleine Biographie Khalil Gibrans

1883 Am 6. Januar wird Gibran Khalil Gibran (so der vollständige Name) im Libanon in dem Ort Becharré im Kadischa-Tal geboren; seine Mutter Kamileh ist jetzt in dritter Ehe verheiratet.
Beide Eltern gehören der christlichen Kirche der Maroniten an, die insbesondere im Libanon viele Angehörige zählt.

1885 wird Gibrans Schwester Miriana und

1887 seine Schwester Sultanah geboren.

1894 Die Mutter emigriert mit ihren Kindern an die Ostküste der Vereinigten Staaten von Amerika und läßt sich dort im chinesischen und syrischen Viertel von Boston nieder. Sie will den vielen für sie unangenehmen Folgen der Inhaftierung ihres Mannes entfliehen.
Der Vater bleibt im Libanon. Er muß 3 Jahre aufgrund einer Anklage wegen der Veruntreuung von Steuergeldern im Gefängnis verbringen (1891–1894). Als er endlich freigesprochen wird, ist ein Großteil seines Besitzes – Viehherden und Ländereien – für Bestechungsgelder und Gerichtskosten ausgegeben worden und seine Ehe an den vielen Streitereien mit seiner Frau und an den langen Jahren der Trennung von seiner Frau zerbrochen.
Die Familie wird in Boston von den Hausarbeiten, die die Mutter für andere Leute erledigt, und von Gibrans älterem Stiefbruder ernährt, der einen kleinen Gemischtwarenladen betreibt.

1897 kehrt Gibran in den Libanon zurück, um seine Muttersprache und die arabische Literatur zu studieren.

1899 In Becharré verliebt sich Gibran unglücklich; die Erfahrungen dieses Erlebnisses wird er später in dem Roman *Gebrochene Flügel* (1912) zum Ausdruck bringen.

1902 Im April ist Gibran wieder in Boston. Mit dem Vater, der den Berufswunsch des Sohnes, Künstler zu werden, nicht akzeptieren kann, hat Gibran sich überworfen.

Wenige Tage vor seiner Ankunft stirbt seine Schwester Sultanah.

1903 In diesem Jahr sterben Gibrans Halbbruder und Mutter. In den Armenvierteln, in denen die Zugewanderten leben mußten, herrschten nicht nur Hunger, sondern auch Krankheiten, insbesondere die Tuberkulose, die ihm seine nächsten Verwandten raubte.

Seine Ausstrahlung und seine Zeichnungen öffnen Gibran die Türen zu den Häusern und Herzen vieler wohlsituierter Kunstmäzene in Boston. Sie organisieren Ausstellungen seiner Zeichnungen und unterstützen seine künstlerische Weiterentwicklung. Trotzdem muß Gibran den Laden seines Bruders ein Jahr weiterführen, bevor er ihn schuldenfrei verkaufen kann.

1904 Mary Haskell, 30 Jahre alt, Gründerin und Leiterin einer angesehenen Mädchenschule in Boston, lernt Gibran während einer Ausstellung seiner Bilder kennen und wird bis zu dessen Tod seine Gönnerin, Förderin und Freundin bleiben. Sie setzt sich aktiv für die Rechte der Frauen ein und ist eine Sympathisantin sozialistischer Ideen.

Gibran beginnt, für arabische Emigrantenzeitungen zu schreiben.

1905 erscheint sein erstes Buch *Die Musik*.

1906 Ebenfalls in arabischer Sprache und ebenfalls im New Yorker Verlag al-Muhajir erscheint *Die Nymphen der Täler* – eine bissige Kritik insbesondere an der Kirche seiner Heimat.

1908 Nachdem das dritte Buch *Rebellische Geister* kritisch in der arabischen Öffentlichkeit (über 200 Artikel) diskutiert worden ist – mit dem Vorwurf, der Autor sei ein Feind der Familie und der Tradition –, fragt sich Gibran, «ob meine Lehren eines Tages in der arabischen Welt verstanden werden, oder werden sie wie ein Schatten verschwinden?»

Im Juli trifft Gibran in Paris ein; hier möchte er Malen und Zeichnen studieren.

1909 Während Gibran nach eigenem Bekunden dem klassischen Stil anhängt, kritisiert er die moderne Kunst angesichts eines kubistischen Frauenbildnisses mit den Worten: «Haben diese irrsinnigen Künstler ihre Mütter, ihre Schwestern und ihre Geliebten vergessen? Oder haben sie jeden Sinn für Gefühl und Maß verloren, daß sie sich erlauben, den Körper der Frau so zu verzerren, diesen heiligen, göttlichen Körper?»

Näher beschäftigt er sich mit den Ideen der symbolistischen Malerei.

Im Frühsommer stirbt sein Vater, mit dem er sich in der Trauer versöhnt.

1910 Die Ideen der syrisch-libanesischen Verfechter einer Unabhängigkeit von der osmanischen Herrschaft greift Gibran begierig auf. In Beirut werden seine Bücher von den osmanischen Behörden öffentlich verbrannt.

Im November trifft Gibran wieder in Boston ein, wo ihm Mary Haskell anbietet, ihn mit 75 Dollar im Monat zu unterstützen, so daß er mit seiner Schwester Miriana das syrische Viertel verlassen und in einer ruhigeren Wohngegend Quartier beziehen kann.

1911 Mary Haskell lehnt einen Heiratsantrag Gibrans ab. Beide werden sich trotzdem zeitlebens in Liebe und Zuneigung verbunden bleiben.

In der Hoffnung, sich dort künstlerisch besser und weiter entfalten zu können, siedelt Gibran im April nach New York um; ein Appartement findet er in dem Künstlerviertel Greenwich Village.

1912 werden die *Gebrochenen Flügel* in arabischer Sprache veröffentlicht – ein Werk, das die fehlenden Rechte der Frau im Orient beklagt und die Form der Eheschließung als einen beklagenswerten Handel verurteilt.

1914 gibt Gibran den Band *Eine Träne und ein Lächeln* heraus, für das er ca. 50 Artikel auswählt, die er während seiner Pariser Zeit unter der gleichlautenden Rubrik in der Zeitung al-Muhajir veröffentlicht hatte.

Während seiner ersten Ausstellung, die er in der Mon-
tress Gallery veranstaltet, kann er fünf Bilder für über
6.000 Dollar verkaufen.

1916 engagiert sich Gibran für eine Lebensmittelhilfe, welche
seinen vom Hunger gequälten Landsleuten im Libanon
zugute kommen soll, die bei den türkischen Behörden
keine Unterstützung finden können.
Gibran veröffentlicht zum ersten Mal in Englisch in
einer amerikanischen literarischen Zeitschrift, *The seven
Arts*, einige Beiträge, unter anderen die Parabel *Die
größere See*.

1918 Mit drei Originalzeichnungen publiziert Gibran sein
erstes englischsprachiges Buch, *Der Narr*, im New
Yorker Alfred Knopf Verlag.

1919 kommt in arabischer Sprache *Der Reigen* heraus – ein
Loblied auf die Natur, das Gibran selbst illustrierte.
Die Ende dieses Jahres erscheinende Bildersammlung
Twenty Drawings stellt neunzehn Aquarelle und ein Öl-
bild Gibrans vor, die eine Kritikerin zwischen «Symbo-
lismus und Idealismus» ansiedelt.

1920 Auf englisch erscheint *Der Vorbote*, mit fünf Originalzeichnungen des Autors, und auf arabisch die Text-
sammlung *Die Stürme*, in der Gibran auch seine lite-
rarische Auseinandersetzung mit dem Thema «Unab-
hängiger Libanon» seiner Leserschaft vorstellt. Gibran
favorisierte einen unabhängigen, laizistischen syrischen
Staat mit einer selbständigen libanesischen Provinz. In
diesem Staat sollten Religionen und Konfessionen
friedlich miteinander leben können.
Am 1. September wird die Unabhängigkeit des Libanon
proklamiert – mit dem Ziel, die Christen dieser Region
in einem Staat zu vereinigen.

1921 Ein ärztliches Gutachten attestiert: «Nervenzusammen-
bruch verursacht durch Überarbeitung und Nahrungs-
mangel; nervöse Störungen. Ein unvermeidliches Re-
sultat ist das Herzflattern.» Gibran fragt daraufhin eine
Freundin, wie er sich «von den goldenen Ketten, die der
Ehrgeiz um meinen Hals legte», befreien solle.

1923 Nach Erscheinen seines bekanntesten und erfolgreich-
sten Buches *Der Prophet* werden ihm zu Ehren viele
große Empfänge organisiert, so auch von den Roose-
velts. Von der Originalversion mit den Zeichnungen
des Autors wird im Jahr 1973 das viermillionste Exem-
plar verkauft.

1926 *Sand und Schaum* kommt im Alfred Knopf Verlag heraus.

1928 Gibrans fünftes Buch in englischer Sprache *Jesus Menschensohn* wird von ihm mit dem bezeichnenden Unter-
titel *Seine Worte und Taten, berichtet von Menschen, die ihn
kannten* versehen: Gibran läßt gut siebzig Zeitgenossen
Jesu ihre Erfahrungen mit dem Menschensohn berich-
ten, läßt sie von ihrer Liebe zu ihm, von ihrer Neugier
und ihrem Haß erzählen.

1929 Trotz einer bedrohlichen Leberanschwellung unterzieht
sich Gibran nicht der angeratenen Operation.

1930 Wohl im Wissen um seinen gesundheitlichen Zustand
legt Gibran in seinem Testament fest, daß seine Schwester den geldlichen Besitz erhalten solle, während er
seinem Geburtsort Becharré die Einnahmen aus den
Autorenrechten und Mary Haskell alle Zeichnungen,
Bilder und Bücher zuspricht.

1931 Am 10. April erliegt Khalil Gibran im Alter von
47 Jahren der nicht mehr aufzuhaltenden Zirrhose an
seiner Leber. Sein Leichnam wird in den Libanon über-
führt und dort in der Nähe seiner Heimat – im ehe-
maligen Kloster Mar Sarkis, das gegenüber dem Heiligen Tal «Kadischa» liegt – beigesetzt.
Noch vor seinem Tod kann er die postum erscheinen-
den Bücher *Die Götter der Erde* und *Der Wanderer* fertig-
stellen.

1991 weiht der amerikanische Präsident George Bush in
Washington D. C. den «Gibran's Memorial Garden» ein.

(Diese kleine Lebensbeschreibung orientiert sich im wesentlichen
an der umfassenden Biographie von Jean-Pierre Dahdah, Khalil
Gibran. Walter Verlag, Zürich und Düsseldorf 1997.)

Zu den Bildern

Alle Bilder wurden von der Künstlerin Françoise Girardot Hiestand gemalt. Sie ist in Frankreich geboren und studierte in Paris an der Académie Montparnasse und den Arts appliqués.

Françoise Girardot Hiestand hat mehrere Bücher von Khalil Gibran im Walter Verlag mit ihren Bildern ausgestattet: *Der Prophet; Die sieben Worte der Weisheit; Die Musik / Der Reigen; Sand und Schaum, Die Nymphen der Täler, Und die Hoffnung ging vor mir her* und *Wenn die Liebe dir winkt, folge ihr.*

Diverse Ausstellungen in Paris, Genf, Besançon und Winterthur.

Die Bilder sind in Acryl und Ölfarben gemalt.

Umschlagbild: L'Esprit
Seite 17: La Beauté
     33: La Sagesse
     69: Le Chemin
     93: Joie et tristesse
Fotografien: Gérald Allain, Annemasse, Frankreich